伝え方で得するリーダー なぜか損するリーダー

吉田幸弘
Yukihiro Yoshida

PHP

はじめに

「伝わる」と「伝わらない」、その差は何？

会議で発言を促しても、誰も意見しない。
何度言っても、なぜ部下は動かないのか？
メンバーのやる気の引き出し方が、わからない。
ハラスメントと言われるのが怖くて、本音が言えない。
叱ったらやめてしまうかもしれないから、とりあえず、ほめる。

リーダーになり、メンバーとのコミュニケーションで悩んでいる人は少なくありません。こうしたリーダーは、次の2通りの悪循環《あくじゅんかん》に陥《おちい》りがちです。

ひとつは、諦めパターン。
言いたいことが言えない。
でも、嫌われて人が離れるくらいなら、自分がガマンする。

こうして悩みや仕事を抱え込み、疲弊《ひへい》していきます。


2つ目は、爆発パターン。

がんばって、なんど伝えても伝わらない。

もどかしい、モヤモヤ、イライラする。

そのたびに、「わからないメンバーが悪い」と、相手に当たります。

徐々に、メンバーは仕事に対するモチベーションを失っていきます。


ちなみに、後者はリーダーだった頃の私です。

このおかげで、私は仕事上の人間関係で本当に損をしてきました。

部下からは嫌われ、チームはバラバラ。

パワハラで、3回もの降格人事を経験しました。

降格人事にともなう年収ダウンにとどまらず、営業マンに戻った私は実績を残せず、さらに降格。そして、異動となりました。


このまま、会社を辞めてしまおうかとも思いましたが、転機が訪れました。

異動先で出会った上司から「伝え方」の大切さを教わったのです。
そこで、上司からこんな問いかけをされました。

伝わる「伝え方」をしていますか？

メッセージは、「伝える」と「受け取る」がセットになって、初めて伝わります。
伝えるだけでは、コミュニケーションは成立しません。
そのため、相手が受け取りやすいように「伝える」ことが大切になります。

たとえば、リーダーがあなたに仕事を任せるとしましょう。その際、

「ねぇ、これやっといてよ」

とだけ言われたらどう思いますか？
反射的にムッときて、「嫌です」と拒絶したくなるはずです。

それでは、これならどうでしょうか。

「●●のデザインセンスがいい○○さんにこそ、資料作成をお願いしたいんだ。引き受けてくれるかな?」


先ほどと比べてどうでしょうか。

伝えたのは、2つとも同じ内容で、「仕事の依頼」です。

ですが、枕詞《まくらことば》をつけただけで、メッセージの受け取り方はまるで違うはずです。

少なくとも、仕事の詳細だけでも聞く気になりませんでしたか?


受け取りやすい伝え方にするだけで、人の気持ちは動かせるのです。


実際に私は、伝え方を変えただけで結果が変わり始めました。

まず、メンバーがイキイキと働くようになり、チームに一体感が出てきました。

そして、メンバーが私の仕事を手伝ってくれるようになり、業務の負担も減りました。他部署からも、なぜか助けられる機会が増えてきました。

そう、人間関係で得をする場面が増えたのです。

それからは、生産性が劇的に上がり、私の営業成績は回復しました。

5ヵ月連続で営業成績トップになり、マネジャーに再昇格します。

こうした変化に戸惑いつつ、「伝え方を変えただけで、こんなにすべてうまくいくなんて……」という驚きは、今も忘れられません。

おかげで今では、リーダーや管理職の方に向け、人材育成やチームビルディング、コミュニケーションをテーマに、セミナーや講演、コンサルティングをしています。これまで、累計3万人以上のリーダーを育成してきました。

まさしく、伝え方を変えたことで道が開けた私ですが、読者のみなさんも、伝え方を変えるだけで、

「本音が言えるチームをつくる」

「多様な意見が出る会議を開く」

「部下が自分の頭で考えて動く」

「メンバーが仕事に積極的になる」

「叱っても、良好な関係を保てる」

といったことが可能になります。


本書では、私自身の体験、そして3万人のリーダーを育成する中で見えてきた、できるリーダーに共通する伝え方に関する知識を開陳《かいちん》できればと思います。

「伝わらない」と苦労しているリーダーに向け、「たったひと言変えるだけで、チームやメンバーが動き出す伝え方」をお伝えします。

リーダーの伝え方で意識したい「3つのキーワード」

キャッチボールとコミュニケーションは、よく似ています。

双方が受け取りやすい球を、投げ合う。

コミュニケーションも同様に、双方が受け取りやすい言葉をかけあう必要があります。

そのために必要なのが、「心理的安全性」という考え方です。

みなさんは、「心理的安全性」をご存じでしょうか。

Ｇｏｏｇｌｅが取り入れたことで話題になったので、耳にした方は少なくないでしょう。

心理的安全性とは、メンバー同士が気兼《きが》ねなく意見を言い合うことができ、自分らしくいられる状態です。

心理的安全性の発案者であるエイミー・Ｃ・エドモンドソン氏は、組織の心理的安全性を高めるには、次の４つを取り除くことが重要だと指摘しています。

1 「無知と思われる不安」
2 「無能と思われる不安」
3 「ネガティブだと思われる不安」
4 「邪魔していると思われる不安」

言い換えれば、

「こんなことを聞いて、無知だとバカにされないか」
「無能だと思われて評価を下げられないか」
「否定的な意見を出しても大丈夫か」
「反対しても大丈夫か」

というメンバーの心配を解消してあげるということです。

では、どうすればこの4つの不安を取り除くことができるのか？
そのために、私は次の3つのキーワードを意識することが大切だと考えます。

1 「自己効力感」
2 「自己重要感」
3 「自己開示」

つまり、リーダーは、次のことを意識して、メッセージを伝える必要があるということです。

1　メンバーに「やればできる」という感覚を育てる。
2　メンバーに「自分は大切にされている」という感覚を持たせる。
3　リーダーがメンバーに、強みだけでなく弱さまでさらけだす。

これが、「心理的安全性を担保した伝え方」になります。

この伝え方を意識するだけで、リーダーがが̇ん̇ば̇ら̇な̇く̇て̇も自律的なチームになります。

人は、「やればできる」「大切にされている」「信頼できるリーダーがいる」という感覚さえあれば、自然と動き出すからです。

私はここを勘違いしていました。

いかにもリーダーらしく、威厳をもってメンバーを引っ張れば、人は自然とついてくる。

そう思い込んでいたのです。

しかし、実際は逆でした。メンバーと一緒に考え、支えるから人はついてくる

のです。

前置きが長くなりました。

そろそろ本題に入りましょう。本書は5章構成です。

第1章、「なんでも言い合える『信頼関係』を築く」では、メンバーとの一体感を高め、本音を話せる「チームビルディング」について解説します。

第2章、「部下に『嫌われない』マネジメント」では、部下に圧迫感を与えず、どうやって行動改善を促すかを解説します。

第3章、「自ら考えて動く『部下の育て方』」では、部下のやる気を引き出し、積極的にチャレンジするように部下を導く方法について解説します。

第4章、「上司を味方につける『会話術』」では、「いざ」というときに守ってもらうために、上司を動かす方法について解説します。

第5章、「横のつながりをつくる『巻き込む力』」では、他部署や取引先もひとつのチームと考え、助け合える関係づくりを解説します。

意外に思われるかもしれませんが、上司や他部署、取引先に対しても、心理的安全性を担保したほうがいいのです。

そうすることで、今までよりも圧倒的に仕事がしやすくなります。

さて、本書は心理的安全性を害する伝え方を「(人間関係で) 損する伝え方」、心理的安全性を担保する伝え方を「(人間関係で) 得する伝え方」としました。

それぞれのビジネスシーンで使いがちな言葉や伝え方を、対比形式で紹介しています。

ひとつのテーマごとに完結するような形式で書いておりますので、どこから読み進めていただいてもかまいません。

すべてのリーダーが、読んですぐに実践できるようにと考えて書きました。
では、本題に入っていきます。
どうぞ最後までおつき合いくださいませ。

リフレッシュコミュニケーションズ　代表　吉田幸弘

CONTENTS

第2章

部下に「嫌われない」マネジメント

第3章

自ら考えて動く「部下の育て方」

☑ 主体性を育てる「仕事の任せ方」 90
損する伝え方 「部下だから」という理由で仕事を頼む
得する伝え方 「あなただから」という理由で仕事を頼む

☑ 「緊張しがちな部下」への声がけ 94
損する伝え方 「失敗してもいいから」と声がけする
得する伝え方 「開き直っちゃえ」と声がけする

☑ やる気の上がる「フィードバック」 98
損する伝え方 「おしい！　あと少し」と伝える
得する伝え方 「ここを直せばもっとよくなる」と伝える

☑ 部下に「部下育成」してもらう 102
損する伝え方 「私が面倒みておくよ」と伝える
得する伝え方 「ちょっと助けてくれない？」と伝える

第4章 上司を味方につける「会話術」

第5章

横のつながりをつくる「巻き込む力」

装丁・本文デザイン——西垂水敦・内田裕乃（krran）
装丁イラスト——やまねりょうこ

第1章

なんでも言い合える「信頼関係」を築く

「1on1ミーティング」で本音を引き出す

損する伝え方

「なんでも話して！」と明るく伝える

得する伝え方

「実は私……」とコソっと切り出す

目線を合わせなければ、人は本音を明かさない

私が担当していたクライアントの話です。

最近、産休に入ったBさんの代わりにプロジェクトリーダーを引き継いだAさんは、ある不安を感じていました。

よく知りもしないリーダーにあれこれ指示を出されるなんて、メンバーは不快に思わないだろうか……。

そこで、Aさんはメンバーとの相互理解を深めるために、部下との「1 on 1ミーティング（以下：1 on 1）」を設定しました。

そこで、Aさんは各メンバーとの1 on 1で、「なんでも話して」と切り出しました。仕事の悩みにとどまらず、なんでも力になりたいと思ったからです。

とはいえ、「なんでも話して」と言われても、部下は戸惑ってしまいます。

たとえば、「数年先に異動したい部署がある」といったキャリア相談は、リーダーから嫌がられるのではないか。

他にも、「最近、眠れない」「子どもが反抗期で……」などといった、健康や家族のセンシティブな話題も、部下からは切り出しにくいでしょう。

リーダーから「なんでも言っていいよ」と気楽に言われても、部下にとっては適切な話題選びに苦労するため、心理的な負担が大きいのです。

ですから、リーダーから自己開示してみてください。

リーダーの自己開示には、部下側の緊張をやわらげる効果があります。

するとメンバーは「私も自分のことを話してもいいんだな」と感じ、本音を話しやすくなるでしょう。

また、リーダー自ら自己開示をすることで、部下が「この温度感の話題なら、話してもいいんだ」といった判断基準が示されるため、話題を選びやすくなるのです。

たとえば、次のように切り出してみるのはいかがでしょう。

「実はね、私は将来人事の仕事とかに興味あるんだけど、Cさんは将来希望している部署はある？」

「私は今のCさんの年の頃に一人暮らしを始めたんだけど、自己管理が苦手で風邪ばっかりひいてたんだ。Cさんは、体調面とかで不安はない？」

ここで大事なポイントは、部下と目線を合わせることです。

先の会話例で言えば、前者は「一社員同士、どの部署を希望しているか」を聞いていますし、後者は「Cさんの年の頃、私はこんな状況だった」といった具合に、同じ目線に立って話をしています。

人は、対等な関係の人と本音で話します。

私が見てきた信頼されるリーダーは、「上から目線」を感じさせない人たちばかりでした。だからこそ、部下から本音を引き出せたのだと思います。

リーダーと部下が完全に対等かというと、そんなことはありませんが、フラットに接するだけでも、以前よりお互いに本音を話しやすくなるはずです。

☑ 部下と目線を合わせて話していますか？

「雑談」で、メンバーと仲良くなる

損する伝え方

「最近、どう?」と、明るく話題を振る

得する伝え方

「最近、疲れ気味で……」と話題を振る

「ライトな愚痴」が、本音を引き出す

リーダーのAさんは、朝、部下のCさんと同じフロアで一緒にエレベーターを待っていました。

リーダーのAさんは「最近どう?」と、Cさんに問いかけます。

しかし、Cさんから返ってきたのは「まあまあです」という言葉だけ。

無理もありません。「最近どう?」は、プライベートか、仕事のことか、何について聞かれているのかわからず、答えにくい質問だからです。

また、雑談とはいえリーダーにヘタなことは言えない緊張感もあります。


では、「△△社のコンペの件はどう?」といった話題の範囲を絞ったオープンクエスチョンをしてみてはいかがでしょうか。

仕事に限らず、部下の趣味がわかっていれば、「最近、草野球の調子はどう?」といった質問もよいでしょう。

ただ、これでは距離が縮まる可能性は低いかもしれません。

できれば、部下の本音を引き出してみませんか？

そのためには、「愚痴《ぐち》」を利用してみることをお勧めします。

もちろん、「あの人、いつも仕事が遅いよな」「ウチの上層部はホント頭が固くて参るよ」といった、誰かの悪口はNGです。

ここでいう愚痴は、「ちょっとしたボヤキ」みたいなもので、相手の本音を引き出すための「負の自己開示」です。

たとえば、

「最近、疲れ気味でさ〜。〇〇さんは、しっかり休めてる？」

「もう月曜か〜。なんか元気になる方法知らない？」

「休み明けのメールは開くのが怖いなあ」

といった具合に、ちょっと自分を落として、ダメな自分を見せてみるのです。

「ネガティブなことを自己開示するなんて！」と思われるかもしれませんが、

ちょっとした愚痴は職場の風通しをよくする潤滑油《じゅんかつゆ》のようなものです。

多くの人は隙《すき》のない完璧なリーダーを目指しがちですが、人間らしい一面のあるリーダーのほうが、話しやすい印象を与える傾向があります。

「この人になら相談しやすいかも」と思ってもらえるのです。

もう少し踏み込んで、「企画書の進捗《しんちょく》、実はまだ30%しか終わってないんだよ」など、あまり仕事がうまくいっていないことをポロっと話してもよいでしょう。

これを受けて、Cさんも、「リーダーのAさんでも、そんなことあるんだ！」と思い、「実は私も……」と仕事の状況を自ら話してくれるかもしれません。

ネガティブなことも遠慮なく言える雰囲気をつくっておくことで、悪い報告などが起こったときに、話せる空気を日頃からつくっておきましょう。

☑ 自分の弱い部分も見せていますか？

「承認欲求」を満たす声がけ

損する伝え方

部下を、ほめて伸ばす

得する伝え方

部下を、ほめないで伸ばす

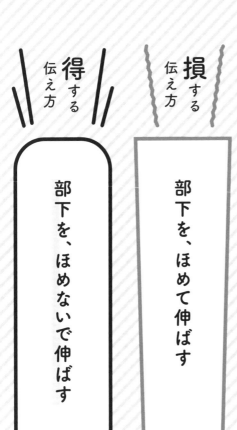

部下が求めている「ほめるよりも大切なこと」

繊細な部下が増えている昨今、信頼を築くにはどう声をかければいいのか。

そう悩むリーダーは少なくないでしょう。

リーダーのAさんも、そんな一人です。


ある日、リーダーのAさんは、部下のCさんが髪を切ってきたので、すかさず「その髪型、似合ってるね！」と声をかけました。

しかし、Cさんはあまり嬉しそうではありません。

ほめたほうが、心理的に距離を縮められると思ったAさんは困惑しました。


確かに、プライベートな場合なら外見をほめるのもアリかもしれませんが、ビジネスシーンではあまり触れないほうが無難でしょう。

よかれと思って言ったセリフが相手の心証《しんしょう》を害し、ハラスメントだと思われる場合もあります。

相手の持ち物について言及するほうが、まだマシでしょう。

その持ち物を選んだセンスを暗にほめているので、悪い気はしないはずです。

それよりも、仕事で発見した意外な一面や成長といった内面的な部分をほめたいものです。


「Cさんって、気くばり上手だね」

「Cさんって、丁寧に資料をつくるんだね」


ここで質問です。

相手に、「え、どこがですか?」と聞かれたら、具体的に答えられますか。

抽象的なほめ方をすると、言われたほうはかえって「心にもないことを……」という印象を持ってしまうため、逆効果です。

では、正解は何か。それは、「ほめない」ことです。

ほめるよりも大切なのは、変化や成長に気がつくことです。

たとえば、次のように伝えてみてはいかがでしょうか。

「資料のつくり方、変えたんだね。目次を入れたことで資料の全体像が一発でつかめるし、レイアウトも余白の使い方を工夫したことで、圧迫感がなくなった」

できるだけ、解像度の高い言葉を意識して伝えましょう。

森を見るでも木を見るでもなく、枝を見るのです。

森（第一階層）　丁寧に資料をつくる
木（第二階層）　見る人を考えている
枝（第三階層）　レイアウトの変化による圧迫感の解消

老若男女問わず、人は「自分の成長をしっかりと見てくれているリーダー」を信頼します。認められている証として、承認欲求が満たされるからです。

ですから、解像度の高い言葉とともに、ビジネスシーンでの部下の変化や成長を伝えましょう。

☑ 部下の変化に目を向けていますか？

悩み相談の正しい「聞き方」

損する伝え方

「わかる、わかる」と共感する

得する伝え方

静かに「あいづち」を打つ

リーダーの真価は「傾聴力」で問われる

リーダーのAさんは、コンペに負けて落ち込んでいる部下Cさんから、「この部署に、私の居場所はあるんですかね」といった趣旨の相談をされました。

実際には、Cさんの話は行ったり来たりして、話を聞いていたリーダーAさんは、少しイライラしていました。

しびれを切らしたAさんは、Cさんの話が終わらないうちに「要するに、こういうこと？」と内容を要約してしまいました。

これは、悪手です。悩み相談の内容は、たいていまとまっていません。

部下は、アドバイスを求めているわけではなく、人に話すことで感情を整理したいだけかもしれません。

Cさんが話し終わらないうちに、話をさえぎってまとめてしまうと、Cさんは「私の気持ちを受け止めてくれない！」と感じてしまう可能性があります。

部下の話を「ただ聞く」ことは、リーダーの大事な仕事なのです。

私事で恐縮ですが、私がマネジャーをしていた頃、右腕的存在の部下から、突然退職を申し出されたことがあります。

実際に、退職していく部下の多くが本当の理由を語らず去っていくのです。

退職後も良好な関係を築けたので、そのときの心境を聞いてみると、「私に相談に乗ってほしかったが、時間も余裕もなさそうだった」との回答でした。

思えば、私は彼のために時間をつくって、話を聞くべきでした。

相手の目を見て、静かにあいづちを打ちながら最後まで話を聞き、「そうか、迷っているのか。今の○○の状態に不安を感じているのか？」と確認するのです。

「感情に寄り沿う言葉＋確認質問」です。

なお、注意したいのは、「どう返そう」「どう解決策を提示しよう」などと考えながら話を聞かないことです。

悩み相談は、話の途中でアドバイスをしたくなるものですが、先ほども申し上げた通り、部下は必ずしもアドバイスを求めているわけではありません。

相手の感情に寄り添って理解に努める姿勢が、何よりも重要なのです。

ただし、理解を示すと言っても安易に共感してはいけません。

「わかる、わかる」とリアクションを取ることで、相手が満足してくれると思いきや、逆に信頼をなくすケースもあります。

「とってつけたようなリアクション」と受け取られかねないからです。


より深く理解するには、「つらいな。そう思ったきっかけはなんだったの？」と掘り下げることです。部下自身に、真因に気づかせることができます。

実は、部下の悩みに寄り添い、理解することに努めれば、その時点で問題の9割は解決しています。

そのためにはまず、相手の感情に寄り添って理解しようとすることから始めてみてください。

☑ 部下の「話を聞く」ことに集中していますか？

気軽に「質問できる空気」をつくる

損する伝え方

「なんでも聞いて！」と伝える

得する伝え方

「〇〇なら答えるよ」と伝える

想像以上に、リーダーは話しかけにくい存在

経験の差、理解力や価値観の違いなどによって、上司と部下の間で情報が正しく伝わらない「コミュニケーション・ギャップ」が、職場でたびたび発生します。

リーダーＡさんは部下Ｃさんに、「わからなかったら、なんでも聞いて！」と言い添えて、第２四半期の営業報告書の作成を依頼しました。

ですが、Ｃさんは質問せず、意図したものと違う報告書があがってきました。

Ａさんは「わからなかったら、その場で確認してって言ったよね？」とＣさんに詰問《きつもん》します。Ｃさんは「すみません。つくり直します」と答えました。

質問しないＣさんに問題はありますが、Ａさんの伝え方にも問題があります。

そもそも、部下からすると、ただでさえリーダーの存在にプレッシャーを感じるものです。**つまり、「なんでも聞いて」と言われても聞きにくいのです。**

その理由のひとつは、リーダーが評価者だからです。

「はじめに」でも述べた通り、「人は発言をすることで、自分が無知・無能と思われたくない、評価を下げられたくない」と思っているのです。

ですから、「質問をしても評価を下げない」と伝える必要があります。

また、「なんでも聞いて」と言っておきながら、「それくらい、自分で調べて」と突き返すリーダーが多いことも原因のひとつとして挙げられます。

確かに、わからないことは聞いてほしいものの、その都度仕事を中断させられては困ります。しかし、この矛盾が余計に「質問しにくい空気」をつくるのです。

今回のようなケースでは、質問しても評価を下げない旨《むね》を伝えたうえで、**「○○についてなら答えるよ、それ以外は自分で調べて、それでもわからなかったらまた質問に来て」**と伝えるべきでした。

ただ、どんなに丁寧に伝えても食い違いは起こるものです。

それでも、「リーダーの伝え方に問題はなかったか」と自問してください。

リーダーなら、どんなときも「どうすれば相手が理解しやすいのか」と歩み寄る姿勢を忘れてはいけません。

「ごめん。私の伝え方がわかりにくかったかな。お互いに、どこで食い違ったのかな？」と聞いてあげてください。

自分の伝え方の問題点を把握し、さらにブラッシュアップを目指しましょう。

なお、部下がリーダーを責める言い方をした場合も、受け止めましょう。この後に「Cさんはどう説明したほうが理解しやすいかな？」と聞くのです。リーダーがこんな風に自分の責任と考えてくれるのだからと、「すみません。自分も、確認しておくべきでした」と部下も素直に話しやすくなります。

その後、「お互いに改善したほうがいいと思うことや、間違っていることはどんどん言おう」と伝えればよいのです。

☑ リーダーから部下に歩み寄っていますか？

多様な意見が出る「会議」

損する伝え方

「何かアイデアある？」と聞く

得する伝え方

「このアイデア、どう？」と聞く

部下は、何を気にして発言しないのか？

多様な意見を求めて、自由闊達《かったつ》な会議を夢見るリーダーは多いものです。本田技研工業で行われていた、大人数で気軽に議論を交わす「ワイワイガヤガヤミーティング」、いわゆる「ワイガヤ会議」を理想としているリーダーも少なくないでしょう。

しかし、「何かいいアイデアある?」と聞いても、うまくいきません。**部下からすれば、意見を求められたところで否定されるのが怖いからです。**そして何より、「下手な発言をすれば評価が下がるのではないか……」と考えてしまい、なかなか発言がしにくくなります。

部下が発言しなくなるきっかけとして、次のようなやり取りが散見されます。

例1
上司「新たに店舗を出そうと思うんだけど、どこがいいと思う?」
部下「大森ですかね。乗降客も多いようですし」

リーダー「複数の線が乗り入れしてないとダメだよ」
部下「……」

例2
リーダー「ホームページの問い合わせ件数が減ってる件、どうしようか」
部下「インスタ広告やってみませんか」
リーダー「予算あると思っているの？」
部下「すみません……」

提案させておきながら即却下するやり取りは、会議のNGのお手本です。
そもそも、ワイガヤ会議で意見の評価者になってはいけないのです。

また、部下に意見を求めたところで、どう答えたらいいのかわかりません。
この場合、「私はこう思うけど、どう思う？」といった聞き方で、**議論のたたき台として、リーダーが率先して自分の意見を出してみましょう。**
会議に参加するメンバーに、「こういう形で答えればいいのか」と思ってもらえる参考例を提示するのです。

例1なら、リーダーが「新たな店舗の候補、複数の乗り入れがある蒲田がいいと思うんだけど、どうかな？」と自分で質問と回答例、根拠を示します。

例2の場合も「お金のかからない範囲で何かいい方法ないかな？　インスタ広告って、効果ありそうかな？」と水を向けてみます。

もし、リーダーがたたき台を提示しても意見が出てこないようであれば、「間違っていてもいいから」「評価とは関係ないから」と心理的安全性を担保する発言をしましょう。

ここでも、メンバーが無能だと思われて評価を下げられる心配を取り除いてあげるのです。

☑ 会議では、リーダーから案を出していますか？

「年上部下」へのさりげない「気遣い」

損する伝え方

「手伝います！」と手を差し伸べる

得する伝え方

「何かあれば、手伝います」と伝える

踏み込みすぎず、気遣う言葉

営業部でトップクラスの業績をあげている年上部下のCさんが、最近珍しくミスを連発していました。

請求書の金額を間違えて大口顧客からクレームが入ったり、問い合わせに対する回答が遅くなり、思い切り叱られたようです。

「このままでは失注もありえる」と悩んでいました。

ここはリーダーの本領を発揮するチャンスだと考えたAさんは、よかれと思って「手伝いますよ！」とCさんに声をかけました。

Aさんとしては気を遣ったつもりでしたが、Cさんは少しイヤそうでした。

年下にフォローされたことに、プライドが傷ついたようです。

この場合、「○○さんらしくありませんね」と声をかけてみませんか？

年上というプライドもあり、上司といっても弱った姿を見せたくありません。

ですから、「普段は違うよね」というニュアンスを出すためにも、「らしくない」という言い方がよいのです。「今回はたまたま」と、暗に伝えています。

ただし、これでは根本的な解決に至っていません。

ですから、「何か困っていませんか？」と聞いてあげてください。

大事なポイントは、2つです。

まず、相手のプライドや立場を傷つけないクッションワードを入れること。

「何か困っていませんか？」とだけ聞くと、「いや、別に困っていません」と心を開いてくれない可能性があります。

たとえば、「こちらの思い過ごしかもしれませんが」「間違っていたらすみません」という表現を使いましょう。

そして、相手が助けを求めるまで何もしないことです。

こちらが手を貸すことで、自分の仕事の領域に踏み込まれた、仕事を奪われたと感じる人もいるからです。

ですから、自分から話してもらえるまで様子を見ることも必要です。

「思い過ごしかもしれませんが、何か困っていませんか？　言ってくれれば手伝いますので」

「間違っていたらすみません、つらそうなので。何かあったら手伝うので言ってください」

といった感じで伝えましょう。

その人が抱える重すぎる課題に対して、何もできず、リーダーは大きな無力感に襲われるかもしれません。それでも、聞いてあげることはできます。

Cさんの場合は、お父様が急に体調を崩されて入院してしまい、他の兄弟の代わりに病院の送り迎えをしていました。

責任感の強いCさんですから、迷惑をかけてはいけないと思っていたようです。

まずは気にかけていることを伝える。そして、踏み込みすぎない。

今話したくなければ、気が向いたらいつでも話してくださいと伝えましょう。

☑ 相手の領域に踏み込みすぎていませんか？

第2章

部下に「嫌われない」マネジメント

気づきを促す「問いかけ」

損する伝え方

「なぜ」（WHY）と聞く

得する伝え方

「どこが原因」（WHERE）と聞く

プレッシャーをかけない「問いかけ」

ある日、リーダーAさんの職場で、重要な契約内容が書かれたメールを、部下のCさんが違うお客様に誤送信するミスが起きました。
「なぜ、ミスしたの？」。真面目なAさんは、ミスをした部下のCさんにこう問いかけます。Cさん自身に、原因に気づいてほしいと考えたからです。
しかし、部下から返ってくるのは「すみません」という言葉ばかり。

それもそのはず。「なぜ」という言葉には、ミスした人を非難するニュアンスが含まれていて、圧迫感があるからです。

トヨタやリクルートなどの人材輩出企業では、「なぜ」を5回繰り返すそうですが、この場合の「なぜ」は、あくまで「自分自身への問いかけ」です。

「なぜ（WHY）ミスをしたのか？」の代わりに、「どうしたら（HOW）ミスが起こらなくなるのだろうか」という聞き方はいかがでしょう。

変えようのない「過去」ではなく、変えることのできる「未来」に視点を移すことで、前向きになれます。

しかし、この問いかけにも欠点はあります。

「どうしたら（HOW）」という聞き方をされても、ゼロベースで改善策を考えて答えるのは容易ではないからです。

部下はプレッシャーを感じ、その場しのぎでテキトウに答えてしまいます。

では、**「何が（WHAT）要因でミスが起きたのか？」という問いかけはどうでしょうか。**出来事に焦点を当てているので、そこまでプレッシャーを感じさせません。

ただし、「何が」（WHAT）には、部下がミスの原因をひとつに絞るリスクがあります。本当は他に原因や効果的な解決策があるのに、見落としてしまうのです。

問題解決をするには、まずは問題の原因を広げて考えさせることが大切です。ミスの要因を考えられるだけ部下に挙げてもらい、その選択肢から狭めていく、という順番を取る必要があります。

そこで、「どこ」（WHERE）を使います。「どこに原因があるのか、一緒に洗い出してみようか」と声をかけてあげるのです。

メールの誤送信の例で言えば、

・集中力の低い昼食後に、重要なメールを送っている
・送信前に、宛先を確認していない

といった原因が部下から出てくるのではないでしょうか。

上司の問いかけによって、部下に気づかせることができます。

部下から具体的な回答がなければ、「メールを送る工程を分解してみようか」などとヒントをあげて、部下の思考を促してあげてください。

☑「なぜ」で、部下を追い詰めていませんか？

ミスを隠さず、報告してもらう

損する伝え方

「どうしたの?」と状況を聞く

得する伝え方

「ありがとう」と言って、3分消える

「話したら怒られる」が、隠蔽につながる

ある日、ミスしがちな部下のCさんが青い顔をして、リーダーAさんのところにやってきました。

Cさんが Aさんに「相談があります」と伝えた瞬間、Aさんは「何？　どうしたの？」と聞き返しました。

その反応にCさんは身構えてしまい、「すみません。いや……」と言って、いつまで経っても本題に入りません。

どうやらCさんがお客様に間違った商品案内をしたことで、トラブルが発生してしまったようです。

部下のミスに対して、冷静を装って解決しようとする気持ちはわかりますが、怒っている感情は伝わっています。

大切なのは部下を「どう解決に導くか」「今後、同じようなミスを起こさないよう対策を立てること」です。

少し話が飛躍しますが、企業で起きる隠蔽《いんぺい》のほとんどは、「話しても大丈夫」といった心理的安全性が満たされないことから始まります。

そこで、リーダーは部下が話しやすい雰囲気をつくらなければなりません。

思い直したAさんは、「なんかやらかしちゃったか？」と少し柔らかめに反応しました。これは先ほどよりも、部下の報告を受け入れる姿勢ができているので、報告のハードルが下がります。

しかし、部下の報告を聞くうちに、「おまえは、何をやってるんだ！」とAさんが怒りを爆発させてしまう可能性は否《いな》めません。

結局のところ、AさんがCさんの報告を聞いて、怒りを爆発させないか、嫌みを言わずに耐えられるかが、カギとなるのです。

では、どうすればいいのか。

よいリアクションは、「報告ありがとう。聞く態勢をつくってくるね。3分経ったら話を聞こうか」などと、いったん席を外すことです。

つまり、自分の心を落ち着かせるのです。


コーヒーを淹《い》れる、飲み物を買ってくる、お手洗いに行くなどもいいでしょう。

部下のいないところで「またあいつか！」とワナワナしてもいいでしょう。

あるいは、「冷静になれよ」と自分自身を落ち着かせる声かけをしたり、「さあ、吉田氏、今日はきちんと冷静に対応できるでしょうか」と第三者的な視点でアナウンサーのように実況中継するのも一興《いっきょう》です。


部下のミスは、即対応すべきではないかと反論する方もいるかもしれません。

それも大事かもしれませんが、より大事なのは部下が事実を話すことです。


そのためには、まず自分が「聞く態勢」を整えること。

3分くらい遅れても大した支障はありません。

☑ 部下の報告を「聞く態勢」、つくっていますか？

厳しい指導の「アフターフォロー」

損する伝え方

叱った後に謝る

得する伝え方

叱ったまま終わる

表面的なやさしさで、信頼関係は生まれない

リーダーAさんは、1on1で部下Cさんにきつい叱り方をしてしまいました。Cさんはかなり落ち込んでいるようです。

Aさんはかつて Cさんから嫌われることを恐れ、「叱ったことは気にしなくていいよ」と伝えたことがあるそうです。

すると、反省しているように見えたCさんは「はい」と言いながら、改善しようとしませんでした。

このことから、今回はどう対応すべきか、Aさんは私のもとに相談にきました。

この場合、きつく言い過ぎたことについては謝罪しても、叱ったことを謝罪してはいけません。叱ったことが無意味になってしまうからです。

心理的安全性は、表面的なやさしさではありません。

お互いの本音や腹の底を見せ合わなければ、信頼関係は築けないのです。

もし、謝るにしても、「怒って申し訳なかった」ではなく、「強く言いすぎて申

し訳なかった」と、感情的になった部分だけを限定して謝罪しましょう。

そもそも「叱る」と「怒る」は目的が異なります。

叱るのは「相手の行動改善のため」、怒るのは「自分の感情のため」です。

叱ること自体は悪いことではありません。

さらにできるリーダーは叱った後に、こう伝えます。

「○○だけをまずはがんばっていこう」

行動改善にあたって、リーダーはまずは「ここだけ」を直そうと伝えましょう。

一度に多くのことを指摘したくなる気持ちはわかります。

しかし、多くを伝えると「どこから直したらいいかわからない」と部下が混乱し、どれも直せなくなるかもしれません。

改善する優先順位を決めてあげるのもリーダーの仕事です。

その場合、実現度を判断基準にするといいでしょう。ひとつ行動改善が実現できれば「修正」の成功体験になり、自信につながって、好循環が生まれます。

できるリーダーは「行動改善」の指摘にとどまらず、実行、継続させるところまでつなげるのです。

なお、強く感情を出して怒ってしまった場合、気まずい空気をやわらげようとして、「最近、ソフトボールはやってるの？」と趣味の話をしたり、「お子さんは中学生になったんだっけ？」と、仕事に関係のない話をしようとするかもしれません。しかし、これらはあまり望ましくありません。

気を遣ってお茶を濁《にご》す態度が見え見えですから、逆にぎこちなくなります。

改善点は伝えたのですから、叱ったまま終わってもいいでしょう。

部下は、仕事の失敗は仕事で取り返したいものです。そのためにも、余計な気は遣わずに、仕事の話にフォーカスして終わるのがベストだと私は考えます。

☑ 嫌われることを恐れて、お茶を濁していませんか？

「仕事を抱え込む部下」に、進捗確認

損する伝え方

「大丈夫？」と心配する

得する伝え方

「フォローしたい」とひと言添える

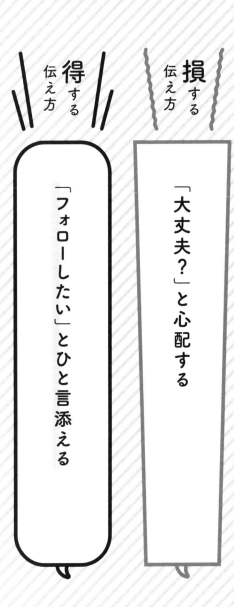

「できないと思われたくない」から抱え込む

期日ギリギリになって、「すみません。実はまだ……」と報告してくる「仕事を抱え込む部下」はどの職場にもいます。

こうした部下の対処法として、「20日までに中間報告をしてほしい」といった具合に、中間報告のマイルストーンを決めておくリーダーは多いでしょう。

ただ、仕事を抱え込みがちな部下が、自ら率先して中間報告をしてくるかどうかは、はなはだ疑問です。

そんなとき、多くのリーダーは「大丈夫、どれくらい進んだ?」と聞くのではないでしょうか。しかし、この聞き方はよくありません。

なぜなら、「大丈夫?」と聞かれれば、多くの人は「大丈夫です」と答えてしまうからです。つまり、イエスの回答に導く形式だけの確認質問になるわけです。

また、上司から「できない部下」という烙印《らくいん》を押されたくないがために、部下が無意識に嘘をつく可能性があります。

では、仕事を抱え込む部下には、どのような言葉をかければよいでしょうか。

それは、「資料の何ページ（どの工程）まで進んだ？」と聞いて、部下が答えたら「見せてみて」と言うことです。

どこまで進んでいるか具体的に答えるしかなく、正確な回答になります。


ただし、こうした進捗確認はリーダーにとって重要であるものの、部下がその重要性を理解しているとは限りません。

そこで、部下に中間報告が意味あるものだと思ってもらう必要があります。

リーダーは、次のように伝えてみてはいかがでしょうか。


「フォローしたいから、どの工程まで進んでいるか教えてほしい」

「もし進んでない場合も、一緒に解決の手伝いをしたいから教えてほしい」

「方向性が違ってやり直しになったら、Cさんの時間を無駄にして悪いから教えてね」


あくまで「部下のために中間報告がある」と伝えるようにします。

それによって、「自分ごと」に感じてもらうのです。

結果、中間報告がリーダーのためではなく、部下にとってメリットのあるもの、意味のあるものと感じ、報告の質も上がってくるでしょう。

悪い進捗状況であっても、リーダーは怒らないことに留意《りゅうい》してください。

部下が仕事を抱え込むのは、遅れを報告することで、怒られたり、評価を下げられたり、失望されることを恐れるからです。

日頃から「正直に話しても怒られない」「評価を下げられない」といった心理的安全性を担保しておく必要があります。

手遅れにならないためにも、報告・連絡・相談、いわゆる「ホウレンソウ」がリーダーのためだけでなく、部下の身を守るものであることがわかる伝え方を意識してください。

☑ 進捗確認は、部下のフォローも兼ねていますか？

部下の「要領を得ない報告」を直したい

損する伝え方

「結論から話そう」と伝える

得する伝え方

「まとまるまで待つよ」と伝える

「5W3H」で、思考の整理を手伝おう

部下Cさんが要領を得ない報告をしてきた際、リーダーAさんは「結論から話そう。ビジネスの基本だよ」と伝えました。

部下はリーダーが考える以上に、リーダーの存在にプレッシャーを感じています。そのため、緊張して説明が覚束《おぼつか》なくなることは、よくあることです。

ただでさえ、男性は歳を取ると、ムスっとして不機嫌に見えがちです。ですから、なるべく笑顔を心がけるのはもちろんのこと、結論を急《せ》かして「で？」とプレッシャーをかけるなど、もってのほかです。

リーダーは、イライラしたり、圧迫感を与えないようにしましょう。

大事なのは部下にわかりやすい報告をしてもらうことです。

まずは、「落ち着いて話そう」と伝えてみてはいかがでしょうか。

ただし、たとえ冷静でも、そもそも伝えるのがうまくない部下もいるでしょう。

リーダーが話を整理しながら聞いてあげる必要も出てくるかもしれません。

場合によっては、「大丈夫、まとまるまで待つよ。コーヒーを淹れるからその間に頭の中を整理しておいて」と伝えるのもいいでしょう。

部下が報告する前に、頭の中を整理する時間をつくってあげるのです。

その間に、部下には次ページの「5W3H表」で頭を整理してもらいます。

実際にこの表を使うことで、取り留めのない説明をしていた私の部下の報告・相談の精度が、一気に高まりました。

今さら5W3Hなんてと思うかもしれませんが、シンプルだからこそ使いやすく、短時間で要点をまとめることができるのです。

☑ 結論を急かし、部下を圧迫していませんか？

5W3H表	
❶ When	いつ、いつまでに（期限）
❷ Where	どこの（場所・会社名・所属）
❸ Who	誰が・誰に（誰が見る）
❹ What	何を
❺ Why	何のために
❻ How	どのようにして（手段）
❼ How many	数量
❽ How much	金額・予算

役員会議で使う新商品紹介のプレゼン資料を用意する	
❶ When	7月28日までに
❷ Where	役員会
❸ Who	C専務が使う
❹ What	関西エリア（大阪・京都）の市場調査
❺ Why	新商品の提案のため
❻ How	既定の用紙、補足資料パワポで
❼ How many	10枚程度
❽ How much	調査費用10万円

「仕事が遅い部下」のスピードを上げたい

損する伝え方

「優先順位の高い仕事は何？」と聞く

得する伝え方

「君が部長ならどの仕事やめる？」と聞く

気づきを促す「仮定法の問いかけ」

残業続きは悪循環であり、翌日に疲れを残します。

営業部のリーダーAさんは上層部から残業を減らすように強く言われていました。「早く帰れよ」と部下に伝えるものの、「終わらないのだから仕方ないじゃないですか」と反発されます。

それに対しAさんは「優先順位の高い仕事は？」と聞くものの、部下Cさんからは、要領を得ない答えしか返ってきませんでした。

優先順位も何も、Cさんはなんの仕事にどれだけの時間を使っているのか把握できていないからです。

まずは、どの仕事に時間を使っているかを把握させる必要があります。

把握させたら次は、仕事を効率化していく段階です。

そこで、「仮にこの部のトップだったら、どの仕事やめる？」と質問してみてください。

部下には、仕事を選ぶ権限がありません。

ですから、仕事のスピードを上げて作業を速く終わらせる発想はあっても、ムダな仕事を「減らす」「やらない」といった発想がないのです。

だから、「減らせない」「全部やらなきゃ」と思い込みます。

そこで、「仮に」と質問することで、思い込みを取り除く必要があります。

ただし、ここで厄介《やっかい》なのが、「思い入れの強い業務」です。

「利益を生む仕事」か「自己満足の仕事」か、多くの部下は客観的にその違いを把握できていません。

客観的に見ればムダなのに、自分にとっては意味がある業務なので、仕事に聖域を設けてしまうのです。

ですから、ここではさらに「利益を生まない仕事はどれ?」と質問しましょう。

また、「ECRS」という業務効率化のフレームワークも役立ちます。

「Eliminate（取り除く）」
「Combine（統合する）」

「Rearrange（取り替える）」
「Simplify（簡素化する）」

の4つの切り口から、業務効率化のアイデアを考えるのです。
4つの切り口の中では、Eが最も改善効果が高く、C、R、Sという順になります。会議を例に見てみます。

・E（取り除く）　廃止する
・C（統合する）　毎月1回の定例会議にまとめる
・R（取り替える）午後の時間帯に換える
・F（簡素化する）30分で終わらせるようにする

「ECRS」を使って、一緒に部下の頭を整理してあげてもいいかもしれません。

「減らせる仕事」に気づく質問をしていますか？

他部署からのクレームを部下に伝える

損する伝え方

「ダメだよ」と、反省を促す

得する伝え方

「ぶっちゃけ、これ本当？」と聞く

「言い訳の余地」を残してあげよう

ある日、リーダーAさんは生産管理部のBさんからクレームを受けました。

というのも、生産管理部のBさんが、Aさんの部下であるCさんに頻繁に緊急対応をさせられて、迷惑しているという内容でした。

そこで、AさんはCさんに「生産管理部のBさんが怒っていた。同じことが起こらないよう反省するように」と伝えます。

このように、「第三者が怒っていた」と部下に直接伝えるリーダーがいますが、これは非常に好ましくありません。

自分がいないところで悪口を言われていたと思うと、直接言われる以上にショックを受けてしまうからです。

そして、この言い方で最も問題なのは、**Cさんが悪いと決めつけ、リーダーが生産管理部側の味方に立っていることです。**

実際に、私がコンサルタントをしている企業でも同じようなケースがありました。お客様からクレームがあった際、リーダーが全面的にお客様の味方に立ってしまったのです。

部下が弁解すると、「言い訳をするな！」と一喝《いっかつ》してしまいました。

しかし、必ずしも部下が全面的に悪いわけではありません。

もちろん、部下側に過失や問題点がある場合は叱る必要があります。

しかし、部下に事情を聞く前に叱ってしまっては、部下はリーダーを信頼しなくなってしまいます。

そこで、部下を信用しているというスタンスを明確にするために、「あの人はああ言っているけど、実際のところどうなの？」といった聞き方をするのです。

ここでポイントとなるのが、部下に「言い訳の余地」を残してあげることです。

部下にも、部下の言い分があるのです。

先ほども申し上げた通り、部下が必ずしも全面的に悪いとは限りません。

もちろん、部下にいたらない点があることが明確であっても、まずは部下を信頼してあげる。

そして、部下の気持ちを吐き出させて、一度受け止めることです。

このプロセスがあって初めて、部下はあなたの言葉に耳を傾け、受け入れるようになります。

なぜなら、ネガティブな情報を伝えるとき、部下は防御態勢に入っているからです。

部下が聞く態勢を整えてから、今後の改善点について話し合っても遅くはありません。

そのうえで、実際に行動し、改善できたかを確認し、修正を繰り返していけばよいのです。

☑ どんなときも、部下の味方に立っていますか？

部下を「すぐやる人」に変える

損する伝え方

「いつまでに終わらせる？」と聞く

得する伝え方

「開始のデッドラインは？」と聞く

先延ばしが発生する「時間不一致現象」

リーダーAさんはいつも期限に遅れる部下のCさんに困っていました。

先日も期限ギリギリで提出してきたものの、数値データの元資料を間違えていたことでやり直しになり、結局期限に間に合いませんでした。

そこで、私はAさんから期限に遅れてしまうCさんに対して、どう伝えたらいいのか相談を受けました。


そもそも、仕事が終わらない人の多くはスタートが遅いのです。


極端なことを言えば、開始さえすれば、仕事の半分は終わったようなもの。

仕事が遅い人は締め切りギリギリで着手します。

間に合うと見越しての判断でしょうが、非常に危険です。

割り込み仕事が入るかもしれませんし、追加で提出すべき資料が出てきたり、外注先が休みを取るなどといった緊急事態も考えられます。


最も厄介なのが、「時間不一致現象」です。

これは、「未来は常に今よりもよくなる、未来の自分は今の自分よりも有能になっている」という勘違いで、何の根拠もなく、一週間後、一カ月後、三カ月後になったら、実行の難易度が下がると思い込んでしまうのです。

実は時間に対しても同様です。

たとえば、「年が明ければ時間もとれるので、そのときに新規のプロジェクトを始めよう」などと言うことはありませんか。

これも、何の根拠もなく「時間があればできる」という希望的観測です。

ですから、「いつまでに終わらせる」ではなく「いつから始めるのか」を聞き、開始期限を定めるようにアドバイスしました。

結果、Cさんは期限に間に合うようになりました。

しかし、この開始期限を定めるのはある程度経験があるからこそできること。なかには、複雑で難易度の高い仕事、初めて挑戦する仕事など、仕事のプロセスが明確でないものもあるでしょう。

また、人によっては開始期限を決めたものの、見切り発車で優先順位を間違え、後でもいいことを先にやってしまったりもします。

そこで、よりお勧めなのは、部下に「いつどの作業から始める？　始めるにあたっての障害は何かある？」と聞いてみることです。

新しく挑戦する複雑な仕事も、細かくタスクを分割すれば、ある程度タスクの難易度や作業時間の状況が予想できるものです。

部下にそれを確認させ、予《あらかじ》め障害となり得る可能性を取り除いてあげることもできるはずです。

なお、これらの全体の流れを把握する作業は、できるなら仕事を頼んだその場でお願いするといいでしょう。

「鉄は熱いうちに打て」ですね。

☑ 部下の「仕事の障害」を取り除いていますか？

第3章

自ら考えて動く「部下の育て方」

主体性を育てる「仕事の任せ方」

損する伝え方

「部下だから」という理由で仕事を頼む

得する伝え方

「あなただから」という理由で仕事を頼む

「考えてくれるリーダー」が、信頼される

これ、やっておいて。

このように、リーダーから仕事を丸投げされたら、あなたはどう感じますか。「頼み方が雑」「自分勝手だな」と思うのではないでしょうか。

確かに、「部下ならリーダーの仕事を引き受けるのは当たり前」という態度がにじみ出ています。

そもそも、人は理由・目的のない仕事を嫌がります。

少なくとも、WHAT（仕事の内容）、WHY（なぜその仕事をする必要があるのか・背景）、HOW（進め方・手段）、の3つの情報は必要です。

たとえば、「今リサーチしているデータをもとに、来週の役員会で使う資料をつくってほしい。資料で必要な項目や体裁は、過去の資料を参照して、わからなければ先輩のDさんに指示を仰いでください」と伝えます。

これで、仕事の意義は伝わるでしょう。筋は通っているので、部下は、「大事

な仕事」だと認識するはずです。

ですが、これによって部下がこの仕事を自分事と捉えるかは別問題です。**いくら大切な仕事とはいえ、「私がやる意義」を見出せないからです。**人によっては、「私でなくてもいいのでは？」と考えるでしょう。

そんなとき、「相手の軸」を中心に、次の2つを伝えてみましょう。

❶キャリア上のメリットを伝える

たとえば、「マーケティング部に行きたい」「人事部に行きたい」「住宅メーカーを担当したい」といった希望がある部下に対して、今の仕事が将来的にやりたい仕事につながっていることを伝えます。

「なぜ、この仕事を頼むのか」を的確に説明するためにも、日頃から部下の考えをよく把握しておく必要があります。

❷期待する役割やアウトプットを伝える

たとえば、「次世代のリーダーに抜擢《ばってき》したいと思っている。リーダーになったときに役立つから頼みたい」といった伝え方です。
または、「こんなイメージの資料をつくりたい。そこで、●●のデザインセンスがいい○○さんにお願いしたい」と伝えるといいでしょう。

ポイントは、「私のことをちゃんと考えて頼んでいる」と伝わることです。

相手の心は、論理だけでは動きません。
「自分は大切にされている」という自己重要感が満たされて、初めて「このリーダーの言うことなら、聞いてみよう」「このリーダーのために、動いてみよう」と思えるものなのです。

部下に主体性を発揮してほしいなら、まずは相手を尊重する。
これが、部下を育てるコミュニケーションの第一歩です。

☑ メンバーの「自己重要感」を満たしていますか？

「緊張しがちな部下」への声がけ

損する伝え方

「失敗してもいいから」と声がけする

得する伝え方

「開き直っちゃえ」と声がけする

人事を尽くして天命を待つ

リーダーAさんの部下Cさんは、大口見込みのお客様へのプレゼンの準備に、ここ1週間かなり時間を費やしていました。

Cさんにとっては、今までで一番大型の案件です。

少し複雑でもあり、初めて取り組む内容もあるので、本人の成長に大きくつながる。そして、チームにとっても大きな貢献となります。

そこでAさんはCさんに「しっかりやれよ！」とエールを送ります。

しかし、Cさんは極度に緊張するタイプで、過去にも失敗していました。

ここは、リラックスできる声がけが正解です。

私は「サーバントリーダーシップ」というリーダーシップを推奨しています。

リーダーは、「まず相手に奉仕し、その後相手を導く」という実践哲学で、1970年にロバート・K・グリーンリーフが提唱したものです。

部下を主役とし、リーダーを補佐役とする考え方です。

このサーバントリーダーシップの要素のひとつに、「人々の成長への関与」というものがあります。さらに、その「人々の成長への関与」のなかに、大切な部下の成長のためには失敗を許容する必要があることが記されています。

失敗するのは部下の権利です。大袈裟《おおげさ》かもしれませんが、**責任を取るのはリーダーですから、部下は思い切りチャレンジすればいい。**

ですから、リーダーは「失敗しても大丈夫だからな」と声がけしましょう。

失敗を恐れるプレッシャーを、少しでも軽減できるのではないかと思います。

ただ、この言い方で問題なのは「部下の失敗」が前提になっていることです。

メンタルが弱い部下に、必要以上にプレッシャーをかけてはなりませんが、「信頼されていないのだな」と感じさせてしまってもいけません。

そこで、「ここまでやったんだから大丈夫。あとは、開き直っちゃえ」と声がけしてみてはいかがですか。

「人事を尽くして天命を待つ」という諺《ことわざ》があります。

自分ができる範囲で最善を尽くし、運命は天に委《ゆだ》ねるという考え方です。

私たちは、結果をコントロールすることはできません。

しかし、自分の力ではどうしようもないことに、気を揉《も》んでしまいます。

こうしたモヤモヤに脳のリソースを取られ、肝心のプレゼンに支障をきたすのは、少々もったいないのではないでしょうか。

自分の努力でどうにかできる範囲に集中する。そう伝えてあげたほうが、無用なプレッシャーを感じず、パフォーマンスも向上するはずです。


そこまでやってダメだったとしたら、それはそれで仕方がありません。

肩を落として帰ってきた部下に「次に活かそう」と声をかけ、ブラッシュアップする手伝いをしてあげましょう。

そうしたリーダーのもとで育った部下は、数年後にきっとあなたの右腕として頼れる存在へと成長しているはずです。

☑ 部下の不安を取り除いていますか？

やる気の上がる「フィードバック」

損する伝え方

「おしい！　あと少し」と伝える

得する伝え方

「ここを直せばもっとよくなる」と伝える

欠点とは、「ブラッシュアップする余地」

恥ずかしながら、かつて私がリーダーだった頃、部下が毎日夜遅くまでかけて作成した資料を、「ここがわかりにくい」「ここ、ちゃんとデータ取った？」などと、減点主義の指導をしていました。

リーダーは部下よりスキルも知識も高いことがほとんどですから、満足できない資料が上がってきます。

しかし、不慣れな部下は、ひとつの仕事でも時間も労力もかかるものなので、心のどこかでリーダーに労《ねぎら》いの言葉を期待しています。

そこで、頭から否定されれば、ガックリきてしまうでしょう。

何度も否定されるうちに、「自分ならできる！」という自己効力感まで失い、やがて「いくらやってもムダ」という学習性無力感《がくしゅうせいむりょくかん》に陥るかもしれません。

もちろん、合格点に達していないので、改善してもらう必要はあります。

しかし、いきなり欠点を指摘されても、なかなか受け入れがたいものです。聞く耳を持たないかショックで話が頭に入ってきません。

そう伝えると、「ほめるポイントがない」と言う方もいらっしゃいます。

その場合、まずは資料を作成してくれた事実を労いましょう。

少なくとも部下はその資料作成に時間をかけてくれたわけです。

ですから、やってくれたことに対して「ありがとう」と伝えることです。

私は反省し、同じようなシチュエーションで次のように言い換えました。

「仕上げてくれてありがとう。ただおしい！　あともう少しかな」

まずは感謝の意を示したうえで、足りない点を伝えるように改めたのです。

全否定するよりは、言われた部下も受け入れやすいはずです。

しかし、この言い方は結局のところダメ出しであって、「合格点に達していない」というネガティブなニュアンスは拭《ぬぐ》えません。

そこで、このように伝え方を工夫しました。

「仕上げてくれて、ありがとう。『ここ』と『ここ』をこういうイメージで修正したら、もっと良くなるんじゃないかな」

欠点とは、言い換えれば「ブラッシュアップする余地」のことです。

欠点を指摘するより、「磨けばもっとよくなる」と伝えたほうが、モチベーションは高まり、部下の自己効力感は育つのではないでしょうか。

このように書くと改善ポイントを教えたら、部下が自分の頭で考えなくなると指摘いただくことがあります。

部下に答えを提示するのはよくありませんが、ヒントがなければいつ合格点に辿り着くかわかりません。

さらに、部下の自信を育てるのもリーダーの仕事。その自信を持って、もっと大きなチャレンジをしてもらうことが、リーダーにとっても得です。

ですから、感謝の意を示しつつ、改善する方向性を伝えましょう。

☑ 部下の自己効力感を育てていますか?

部下に「部下育成」してもらう

損する伝え方

「私が面倒みておくよ」と伝える

得する伝え方

「ちょっと助けてくれない?」と伝える

リーダーの「弱さ」をチラ見せしよう

リーダーAさんのもとに、部下のCさんが「Eさんがなかなか新規獲得できなくて悩んでいるようです」と報告に来ました。

そのとき、Aさんは「人のことはいいから、まずは自分のことをしっかりやろうよ」と、思いました。

しかし、Aさんは本来Cさんの報告に感謝すべきです。

他のメンバーのことも考えている＝チーム全体を見ていることだからです。

そこで、Aさんは「わかった。私が見ておくよ」と回答しました。

これは、これでよい回答です。

しかし、この「自分が見ておく」は、責任感の強いリーダーが言いがちな非常に危険なワードです。

部下育成には時間をかけるべきですが、リーダーの時間は有限です。

部下育成の意識は強いのにうまくいかないリーダーは、こう考えがちです。

部下が10人いたら、すべての部下とコミュニケーションを取る。

まず、この1対10という考えは止めましょう。

ナンバー2の部下を頼りましょう。あるいはナンバー2に限らず、先輩が後輩の悩みを聞き、指導・育成していくのです。

たとえば、2人のナンバー2的な部下に、4人ずつ見てもらって、リーダーは普段はナンバー2と緊密に連絡を取り合っていく、でいいのです。

最近、組織はフラットにしたほうがいいという声もあります。

確かに稟議《りんぎ》などを通すのに色々な人の承認印が必要なのは即刻止めたほうがいいですが、1人で見きれる量には限界があるものです。

リーダーが、全員とコミュニケーションを取る必要はないと考えましょう。

ですから、Aさんは「よかったら、助けてくれない？　実は手が回らなくて困ってたんだ。Eさんの育成を任せてもいいかな」と頼んでしまうのが正解です。

任せれば、Aさんの仕事がラクになり、別の仕事に集中する時間を生み出せます。それだけでなく、Cさんのリーダーシップ育成につながります。

「名選手は名監督にあらず」という言葉があるように、プレイヤーのときに優秀だった人がリーダーとして優秀とは限りません。

むしろ、プレイヤーとして優秀だった人ほど、リーダーとプレイヤーとの仕事のギャップに戸惑うのです。

これを防止するのにいい方法があります。

それは昇格前にリーダーとしての疑似体験を積んで視座《しざ》を高めることです。

よくあるのは、リーダーが担当する予算分配や会議への参加などを昇格前にさせることです。

しかし、昇格して一番苦労するのはそれらの仕事ではなく、部下育成です。

ならば、後輩の育成を担当してもらうほうが、よほどリーダーになる予行演習になるのではないでしょうか。

☑ リーダーを「疑似体験」させていますか？

部下のポテンシャルを引き出す言葉

損する伝え方

「自分で考えないとね」と伝える

得する伝え方

「よし、一緒に考えようか！」と伝える

最高のリーダーは、名アシスタント

部下Cさんが新しい企画を持ってきました。

新企画はありがたいのですが、あまり出来がよくありません。

それを受け、リーダーのAさんは「もう一回、自分で考え直してみて」とCさんに伝えました。

このような組織にいると、部下は「誰も助けてくれない」と孤独を感じます。

そして、部下の心理的安全性は失われ、やる気を失っていきます。


これからの時代、リーダーはメンバーの力を引き出せなくては、ますます生き残れない時代になっています。

ですから、メンバーの能力を引き出すことで、リーダーひとりでは達成できない成果を生み出さなければなりません。


「一人ひとりが、がんばる個人商店」から「みんなでがんばるチーム」へ変えていかなければなりません。

そもそも、部下ひとりで優れたアイデアを持ってこられるとは限りません。

本来であれば、あまりアイデアがよくなかったとしても、どうやって一緒に合格点までブラッシュアップしていくかが、リーダーの仕事です。

しかし、実際には多くのリーダーが部下のアイデアを評価してしまいます。

できるリーダーは、部下に100点のアイデアを求めていません。

仮に完璧な状態で案を持ってきたら、リーダーの存在意義がありません。

本当にできるリーダーは、部下に100点を求めず、こう伝えます。

「いい案だな。何とか通せないか、一緒に考えよう」

一緒に、100点を目指すスタンスを伝えるのです。

仮に部下の企画が30点でも、リーダーがアシストすればいいのです。

リーダー自身が、最高のプレイヤーである必要はありません。

こう言うと、「リーダーのアシスト頼みになって部下の考える力が育たず、本人のためにならない」と指摘する人がいます。

そう考えるリーダーが、「自分で考えないとね」と部下を突き放すのでしょう。

実際は逆で、ヒントやきっかけがあるから、部下が自分で考え、またトライするようになるのです。

そもそも、部下の力では限界だから30点の企画を提出しているわけですから、ヒントもなしに自力で今以上のアウトプットが出せるようになるとは思えません。

じっくりと人を育てる余裕のない職場が多い時代です。

しかし、**結局は人が育たないと、いつまで経ってもチームの業績は伸びませんし、あなたの仕事はラクになりません。**

部下に正解を求めるのではなく、一緒に正解を目指しましょう。

☑ 部下と一緒に考える姿勢はありますか？

最近、調子に乗っている部下にひと言

損する伝え方

「出る杭は打たれるぞ」と注意する

得する伝え方

「出過ぎた杭になろう」と伝える

部下の「仕事の勢い」を殺すな！

大口顧客を獲得し、飛ぶ鳥を落とす勢いで目標を達成し続ける部下のCさんは、浮かれ気味。これに対して、リーダーAさんは危機感を持っていました。油断はしないほうがいい。部下の気を引き締めるために、「出る杭は打たれるからな」と諫《いさ》めました。

よく、新人がトップレベルの業績をあげていたり、若手メンバーがプロジェクトに成功していると、「油断するな」と忠告したくなるものでしょう。

しかし、このひと言で部下が動揺し、業績が下がるケースがあります。**なかには、嫉妬《しっと》で部下に対抗するリーダーもいます。**

優秀なプレイヤーだったリーダーこそ、陥りがちなワナと言えるでしょう。

ここで、部下の仕事の勢いを殺す必要はありません。

「引き続き、この調子で行こう。ただ浮き沈みはあるものだから、気を引き締めていこう」と否定しないほうがいいでしょう。

ただし、この言い方だと、今後の失敗を暗示しているようで、部下の勢いを殺してしまう可能性があります。

せっかくなら、この勢いで「挑戦ゾーン」の仕事をしてもらいたいものです。

仕事は難易度に応じて、「安心ゾーン」「挑戦ゾーン」「混乱ゾーン」の3つの範囲に分けられます。

「安心ゾーン」とは、現在のスキル・知識で問題なくできる仕事を指します。ルーティンワークなどがここに当てはまります。

この安心ゾーンの仕事ばかりしていると、成長が止まってしまい危険です。

「挑戦ゾーン」とは、現在のスキル・知識では達成が少し困難で、負荷がかかる仕事です。目標数値でいうと、現状の110〜120％くらいでしょう。

部下の成長につながり、かといって多大な負荷のない丁度いいバランスです。

リーダーは部下に対して、「挑戦ゾーン」の仕事を与えましょう。

「混乱ゾーン」とは、現状の知識・スキルでは達成不可能な仕事です。目標数値で言えば、150〜200％の仕事で、抜本的な改革が必要です。

部下をつぶしかねないので、基本的にリーダーは部下にこのゾーンの仕事をさせてはなりません。

できるリーダーは、部下に「挑戦ゾーン」の仕事をさせつつ、次のように声がけします。

「その勢いで、MVP目指しちゃおう。『出過ぎた杭』になっちゃえ」

と今の流れを止めずに挑戦させるのです。

向上心を持たせ、油断をさせないためには、部下を否定せず、高い目標に挑戦させることです。

失敗してしまっても、部下の糧《かて》になりますし、成功すればチームにとって、大きな貢献となります。

出る杭を打つのではなく、出過ぎた杭に育てましょう。

☑ 部下に「挑戦ゾーン」で仕事をさせていますか？

第4章

上司を味方につける「会話術」

尊敬する上司の「ほめ方」

損する伝え方

「上から目線」で上司をほめる

得する伝え方

「下から目線」で教えてもらう

嫌味に聞こえない「ヨイショ」

尊敬する上司を素直に称賛したい。とはいえ、案外難しいと感じている方は少なくないでしょう。

リーダーAさんの上司Bさんは、論理的に話すのが得意であり、社内外を問わず、相手に意見を受け入れさせるのが得意な人でした。

企画会議ではたいてい、上層部に説得力のあるプレゼンをし、営業に行けば気難しい相手でもデータを見せながら理路整然《りろせいぜん》と説得します。

そんなBさんが役員会でプレゼンをし、参加者を唸《うな》らせた姿に感動したAさんは会議終了後、「すごいですね」「さすがBさんです」と称賛しました。

さぞ上司も喜んでくれるだろうと思いきや、「当たり前のことをやってるだけだよ」とまったく嬉しそうではありません。むしろ少しムッとした表情でした。

実は上司をほめるのはリスクを伴う行為です。理由は2つあります。

1. 部下が上司を「上から目線」で評価しているように感じるから
2. 忖度《そんたく》しているように感じるから

もちろん、素直に「ありがとう」と受け入れる人もいますが、そうでない人もいることを覚えておいて損はありません。

この場合、「どうしたらプレゼンがうまくなるか教えてください」と教えを乞《こ》うのが正解です。

教えを乞われると自分が認められているなと承認欲求を満たされ、嬉しいのでしょう。

ですから、上司をほめたい、リスペクトしている旨を伝えたいときは、教えを乞うのが一番です。謙虚で素直な姿勢が、好印象を与えるでしょう。

よりよいのは、「〇〇の部分をよかったら教えていただけますか」と、具体的に聞くことです。

私事になりますが、SNSやメルマガを通じて、「吉田さんのお勧めの本を教えてください」と聞かれることがよくあります。

自分が選書をする力がある、信頼してもらっていると思う反面、困ったなと感じます。質問の範囲が広すぎて答えづらいからです。少し範囲を限定して「営業でお勧めの本はありますか？」のほうが思い浮かびます。

ただ、これでもまだ答えに困ります。「新規開拓営業のクロージングがうまくなるコツを学べる本は？」と絞っていただけると回答がしやすくなります。

上司は忙しいもので、回答に時間がかかる質問を好みません。

そこで、より具体的に質問内容のプロセスを絞り込みます。

「課長がプレゼンで工夫していることは何ですか？」

「課長はどんなインプットをされていますか？」などです。

このようにプロセスを絞り込んで伝えると、回答しやすいうえに、学ぶ姿勢も伝わり、評価も高まるでしょう。

☑ 上司にリスペクトを伝えていますか？

タイミングがいい人の「アポイント」

損する伝え方

「ちょっといいですか？」と聞く

得する伝え方

「○曜日の○時、大丈夫ですか？」と聞く

上司の機嫌のいい日時、答えられますか？

リーダーAさんは上司であるBさんに、コンペの件で相談したいことがあり、「ちょっとよろしいですか？」と相談を持ちかけました。

この「ちょっといい？」は、私はよくない相談の代表例として挙げています。

では、「明日水曜日の午後、ちょっとお時間いただけますか？」とアポイントを取る形はどうでしょう。

実は、これも好ましくありません。上司に余計な心理的負担をかけてしまうからです。

明日までにBさんは、「用件はなんだろう。辞めるなんて言い出さないよな」とモヤモヤして、パフォーマンスを落としかねません。

あなたが部下から同じ相談のされ方をしたら、よく思わないでしょう。

ですから相談する場合は「C社のコンペの件」で「15分いいですか？」という具合に、「用件と所要時間」をしっかり伝えることです。

しかし、一流のリーダーはもうひと工夫します。

「上司の機嫌のよいタイミング」を見計らって相談するのです。

以前、ある外資系企業の秘書・人事を長く勤めていた方から、こんな話を伺いました。

出世する人は、上司の機嫌のよい時間帯を把握していて、その時間に起案《きあん》するから通る、一方で間の悪い人はイライラする時間帯に接触するそうです。

私は時折、ナンバー2の仕事術といった講演をすることがあります。その人たちは副支店長や主任といったポジションで、複数の部下がいる人たちです。

そのなかで、上司との人間関係が良好な人は、どの時間帯に上司に進言すれば受け入れられやすいかを把握しています。

もちろん、相談がNGの時間帯も把握しています。

【時間帯及びシーン】

1. 機嫌のよい時間帯

- 木曜日の午後か金曜日の午前中

2. 機嫌のよくない時間帯
- 経営会議のある第2週と第4週の水曜日の午前中及び前日火曜日
- 毎月26日以降
- 常務との1on1の2日前、前日
- ずっと部長が担当しているE社への訪問前

ですから、「C社のコンペの件で、相談したいことがあります。木曜日の午後か金曜日の午前中で15分くらいお時間いただけますか？」といった具合に、上司の機嫌のよい時間を、事前に押さえておきましょう。

過度な忖度は禁物ですが、良好な人間関係のためには、これくらいの気遣いは重要です。

☑ 上司のスケジュールをチェックしていますか？

上司に提案を通したいときは

損する伝え方

「自分のために」とお願いする

得する伝え方

「会社のために」と強調する

「大義名分《たいぎめいぶん》のある提案」は、断りにくい

リーダーのAさんは有給休暇を使って、5泊6日のプレゼン研修合宿に参加予定です。会社が費用を一部負担してくれる制度があるため、上司であるBさんに、休暇申請と外部のプレゼン研修を受講したい旨を伝えました。

しかし、Bさんの表情は少し曇っています。本音では、「有給を取って研修に行く時間があるなら、他の仕事をしてくれないかな」と考えていたからです。

一般的に考えればBさんの考え方はナンセンスですが、Aさんも損する言い方をしている、というのが私の感想です。

Aさんは売上アップにつながると考えてプレゼン研修を受講したいと思っていたのに、研修を受講したい旨だけを伝えたため、その背景がBさんには伝わっていないのです。

必要なのは、「プレゼン研修を受ける理由」です。Aさんは「今、新規獲得が必要なので、プレゼン研修を受講したい」と理由を添えて伝えるべきです。

理由が明確であれば「よし、行ってこい」と、上司も気持ちよく背中を押せるでしょう。

このケースでは、次のように自分が〇〇〇の課題を克服したい、スキルを上げたいと伝えるのがいいでしょう。例を挙げてみます。

- 説得力のある資料作成ができるようになりたい
- 提案を断られたときに、うまく次につなげる方法を知りたい
- コンペで勝つために、自信のある話し方を身につけたい

さて、これでも問題はありませんが、上司から評価の高いリーダーは、理由をもうひと工夫します。

個人だけでなく、「組織全体の利益になる行動」という視点を組み込んでいるのです。いわば、「大義名分」です。

このケースでは、「受講してプレゼンのノウハウを部内でシェアして、売上アップに貢献したい」と伝えることです。

そのうえで、組織・リーダーとしての理由を伝えます。例を挙げましょう。

・チームで再現性のある「質の高い資料作成」が可能になる
・部内の売上アップのための機会損失を避けられる
・プレゼンでの話し方を後輩にレクチャーする

実際のところ私が公開型のセミナーに登壇する際、事前のアンケートでは、「今回の○○の内容をチームにフィードバックしたい」といった意見をよく目にします。

こうすれば、上司は内心提案に反対していても、断りにくくなります。より説得力のある理由で断らなければならなくなるからです。

できるリーダーは、大義名分を巧みに利用するものです。

「断りにくい提案」を心がけていますか？

上司に「やんわりと意見」する

損する伝え方

Youメッセージで伝える

得する伝え方

Iメッセージで伝える

上司に「耳の痛いこと」を伝えるには？

時にリーダーは、自分の上司の補佐役《ほさやく》を務める必要があります。俗にいう、「上司の右腕」ですね。補佐役には、2つの役割があるのをご存じでしょうか。

ひとつは、上司をサポートする役割。上司のかゆいところに手が届くような働きぶりで、上司を喜ばせる仕事です。

2つ目は、上司に意見を述べ、軌道修正する役割です。目まぐるしい変化で予測困難なVUCA（Volatility〈変動性〉、Uncertainty〈不確実性〉、Complexity〈複雑性〉、Ambiguity〈曖昧性〉の頭文字をつなげた言葉）の時代、ひとりで先行きを予測することは困難です。

残念ですが、たとえ優れた上司であっても、判断を誤ります。上司にとっては耳の痛いことですが、チームがよい方向へ向かうためのアシストは欠かせません。

また、上司の暴走を止めるのもリーダーの役割です。

たとえば、あるプロジェクトを進めているときに、リーダーの上司からすべての計画を「ちゃぶ台返し」するような指示が飛んで来たら、プロジェクトメンバーはどう思うでしょうか？

リーダーに、「突き返してくれよ」と思うはずです。

上司の言うことをなんでも鵜呑《うの》みにするリーダーは、信用されません。

ですから、リーダーは自分の上司から部下を守る「防波堤」の役割もこなさなくてはならないのです。

さて、リーダーはたとえ自分の上司であれ、誤りを指摘して軌道修正する必要があります。

しかし、いくら誤りを指摘するとはいえ、「あの判断は間違っています」とストレートに伝えてはいけません。

上司も人間ですから、いきなり誤りを指摘されればムッとするものです。

問題は、「あなたは、間違っている」という言い方が、相手を主語にしたYOUメッセージを使っていることです。

YOUメッセージは、「あなたは、〇〇です」と断定する表現ですから、自分を決めつけられたような圧迫感があります。

しかも、「間違っている」と決めつけられれば、思わず反発してしまうのではないでしょうか。

上司によっては、意固地になってリーダーの意見に耳を傾けないかもしれません。結果的に、リーダーは損をしてしまいます。

このように、耳の痛いことを進言するときは「Ｉメッセージ」を使いましょう。

具体的には、「私は、こうしたらよいのではないかと思いますが、どうでしょうか？」というように伝えるのです。

Ｉメッセージは、あくまで主語は「私」であり、私の一意見です。

つまり、「私」が間違っている可能性もあるわけです。

こう伝えれば、上司の気分を害する可能性は低いのではないかと思います。

☑ 右腕として、上司をコントロールしていますか？

「上司の承認欲求」の満たし方

損する伝え方

「これにします」と決め打ちで報告

得する伝え方

「どうですかね？」と上司に選ばせる

リスクヘッジのために、上司に「選ばせよう」

「松竹梅」「SML」といったように、人は3つの選択肢を好む傾向があります。よって提案も、3つが望ましいと言えます。ひとつだけだと押しつけられているように感じますし、2つだと選択肢が絞られているように感じるからです。逆に、4つを超える選択肢は、多すぎて選べないと言われてしまいます。

さて、ある日リーダーのAさんは、新商品の宣材写真を撮影する場所を選んでいました。候補地は、1．沖縄、2．南紀白浜、3．三浦海岸の3つです。そこで、上司であるBさんにどの候補地がいいか、聞きにいきました。

Aさんは、自分のなかで候補に順位づけをし、1が一番と思っていたので、まずは「沖縄で行きたいので、決裁をお願いします」と伝えました。続けて、「沖縄の海の色は商品写真が映えるので、旅費がかかってもコストをペイできる」と自分なりの主張と理由を伝えたのです。

ダメなら2の南紀白浜を推そうと考え、「というわけで、よろしくお願いします」と終えました。

この方法、一見ベストなように思えますが、さらに上のやり方があります。実行した後のリスクまで鑑《かんが》みておくのです。「沖縄まで撮影に行ったのに、天気は悪かったし、全然映えないじゃないか！」となるかもしれません。

ここでリーダーが上層部に責められたときに、直属の上司を味方につけておくことは重要です。

最悪なのは、「オレが決めたわけではない」と後出しする上司です。承認はしたが、リーダーが勝手に決めたことだから責任は取らない、という論理です。

そこで、上司には「オレが決めた」という感覚になってもらう必要があります。そのために、リーダーは次のように伝えるとよいでしょう。

「1がいいと思いますが、沖縄は予算の高さと台風が心配です。2の南紀白浜も用意しました。部長のアドバイスをお願いします」とすればいいのです。

これは、自分が決めたことには責任を取る人の習性を利用しています。

言行不一致を嫌う「宣言効果」です。

アドバイスをしたからには、その決断に関わっていないとは言わせません。

また、選ばせることで「仕事に貢献している感情」も刺激しています。

「確かに、沖縄は台風が心配だな。沖縄がいいと思うけど、一応2週間先にしたらどうだ」という意見が出たとしましょう。

ここで、「沖縄がいいと思うけど」の上司の決定、能動的な言葉が、何かあったときのリスクヘッジにつながるのです。

仮に売れ行きが芳《かんば》しくなかったり、撮影の関係で発売開始が遅れても、部長は逃げ隠れできません。

上司に決めさせて、巻き込んでおきましょう。

☑ リスクヘッジで上司を巻き込んでいますか？

得する「誘いの断り方」

損する伝え方

「また、誘ってください！」と断る

得する伝え方

「代わりにランチしませんか？」と逆提案

誘いを断られた上司も、少し傷ついている

新型コロナウイルスが5類に移行し、徐々に会社の飲み会が復活してきました。しかし、若い人ほど上司との飲み会を避ける傾向にあります。就業時間外で飲みに行くのは、サービス残業と考える若手も少なくないようです。

また、仕事が終わってから資格取得に向けて勉強する人、あるいは育児や介護で終業後はまっすぐ家に帰る人も増えているでしょう。

メンバーそれぞれの生活と事情があるのです。

飲み会も、腹を割って話したり、メンバーの意外な一面に触れて距離を縮めるいい機会ですが、今、上司は気軽に部下を飲みに誘いにくいと感じています。

さて、そうしたなかでリーダーAさんの上司であるBさんが、勇気を出してAさんに「プロジェクトの山場も越えたし、軽くお祝いしないか？」と誘いました。

しかし、Aさんは子どもを保育園に迎えに行かなければなりません。

「すみません、実は子どもを保育園に迎えに行かなければならない日で……、ま

た誘ってください」と断りました。

Bさんは、「そうか、またどこかで」と言ってAさんと別れました。


一見、この断り方は正当性があって申し分ないように思います。

「また誘ってください」と伝えることで、「行きたい意思」も示しています。

しかし、上司の視点で考えれば、部下に気を遣ったけど断られた事実が残り、今後は誘いにくくなるでしょう。


同様に、「お酒飲めないんで」と一蹴するのも、お勧めできません。

たいていの上司は「飲めない人を誘っては悪いな」と思い、誘わなくなります。

それぞれ事情があるとはいえ、上司も人間。

自分の誘いに乗ってくれる人間をかわいく思います。


このように上司に誘われたら、「ランチで美味《お》しい魚の店に行きませんか?」と代替案を提示することをお勧めします。

これなら、断っても印象は悪くならないでしょう。

ランチにすれば、お酒を飲めない人も参加できますし、時短勤務のメンバーも気軽に参加できる、終了時間が決まっているのでダラダラずっといることを防げる、というメリットもあります。

なお、このランチに関して、私は行く場合は全員を誘うことを推奨しています。

あるいはメンバーが10人いて一度に行くと交流が難しい場合は、毎月5人×2グループにするといった分け方にします。

もちろん、アポイントが入ったりして行けない人も出てきますが、この場合はある程度仕方がありません。

ただ、特定の誰かしか誘わない「えこひいき」はなくせます。

ともあれ、代替案を提示すれば印象は悪くならないので、ぜひ、やってみてください。

☑ 断った後に代替案を提示していますか?

上司が、自分の部下を口撃してきた！

損する伝え方

「あいつも、がんばっているんですが」と返す

得する伝え方

「いま、一緒にこう改善しています」と返す

リーダーは、部下の「防波堤」であれ

リーダーAさんの部下であるCさんは、ここ数ヵ月業績が低迷し、目標未達が続いていました。最近は焦っているせいか、凡ミスも増えています。

Aさんの上司であるBさんから、Cさんのパフォーマンスが悪いことを突っ込まれたAさんは、「そうなんですよ。Cさんには困っています」と答えました。

このような受け答えは、１００点満点でいえば０点です。

この事例は、お恥ずかしながら私の実体験です。

リーダーにとって部下育成は、業績アップと同じくらい重要で、「部下が育たない」と嘆くのは、「リーダー失格」を自ら宣言するのと同じようなものです。

また、どんな状況であってもリーダーは部下の「防波堤」であるべきです。

仮にこの防波堤の役目を捨てると、Cさんだけでなく他の部下たちからも信用されなくなる危険性があります。

実際に、別の部下は「今はまだ大丈夫だけど、Cさんと同じような状況になっ

たら、同じように詰められるかもしれないな……」と思ってしまうのです。

では、否定しないまでも、次のような言葉はどうでしょうか。

「あいつなりに、がんばっているんですけどね……」

悪くはありませんが、よい答えではありません。これを聞いた上司は、「リーダーなのに部下の成長に無関心」だという印象を抱くからです。

部下の「防波堤」として機能するには、上司に次の2点を伝えます。

❶ 部下の長所を伝える

仕事のパフォーマンスが悪化すると、短所が目立ちますが、どんな部下にも長所はあるものです。**ですから、意識して部下の長所を伝えることです。**

そもそも、短所と長所は表裏一体。たとえば、「長続きしない」は「好奇心が旺盛《おうせい》」、「仕事が大雑把」は「全体像を把握するのがうまい」と伝えることができます。短所を長所に換える「リフレーミング」を行ってください。

❷部下の改善案、展望を伝える

現時点で、問題が発生しているのは事実であり、修正の必要があります。

ですから、Aさんは上司であるBさんに、部下であるCさんをどう育てていくつもりか、育成計画を示す必要があります。

具体的には、「Cさんと相談し、今期は○○円の目標を設定しています。達成するために、新規開拓よりも既存のクライアントとの関係継続に力を入れるよう指導し、そのためのケアをしています」と目標設定と今後の戦略を明示するのです。

部下指導は大変ですが、成長すればあなたのもとで力を発揮する戦力となり、あなたの負担を減らしてくれるはずです。

☑ 率先して部下の防波堤になっていますか？

上司に企画の改善点を聞く

損する伝え方

「どの部分の改善が必要か」を聞く

得する伝え方

「役員会議ではどこを重視します？」と聞く

社内の説得は「2つの壁」を突破せよ

リーダーAさんは、上司（部長）のBさんに新しい企画の提案をしました。しかし、「前例がなく、難しい」と言って首を縦に振ってくれません。

イラっときたAさんは、「なぜですか？」「常務に直接提案させてもらえませんか」と噛みついてしまいました。

当たり前ですが、これは最悪です。

「なぜ？」と上司を圧迫していますし、部長を飛び越えて役員プレゼンをするのは、「あなたでは話にならない」と言っているのと同じだからです。

「これだけ可能性があります」「これだけ利益が見込めるんですよ」とアピールするのも悪手です。

ここで、まずは上司の意見を「そうですか」と受け止めましょう。

不毛な言い争いに発展すれば、もっと企画が通りにくくなります。労力も時間も、余計にかかってしまうでしょう。

ですから、ここは一旦引き、「もう一度企画をつくり直します」と返します。

重要なのは、NGの理由をしっかりと聞いておくことです。

引き下がる前に、「どの部分の改善が必要ですか？　改善すれば検討の余地はありますか？」と質問しましょう。

検討の余地がなければ、ボツとして切り替えればいいですし、もし改善ポイントが具体的なのであれば、言質《げんち》を取ることができます。

企画を再提出する際に、「先日ご指摘いただいた点を修正しましたので、再度ご検討お願いします」と伝えれば、上司ももう一度却下するのは難しいはずです。

これでOKかと思いきや、実はもうひとつ越えなければならない壁があります。

それは、「上司の上司」つまり役員クラスの承認です。

上司の承認は突破したものの、役員の反対にあうこともあります。

これは、リーダーの上司と役員が重視するポイントがそれぞれ異なっていることで生じます。これでは、余計に時間がかかってしまいます。

できるリーダーなら、もうひと工夫しておきたいところです。具体的には、
・この企画のどの部分を役員会議では重視すると思われますか？
・役員の口グセは何ですか？
と質問して企画を再度作成するのです。

たとえば、役員の口グセが「コストをカットしろ！」なのか、「もっと新奇性を！」なのか、「もっと効率的に」なのか、そこに企画通過のヒントが隠れています。人は無意識に、自分が今抱えている課題を口にするものだからです。

上司にせよ、役員にせよ、日頃から「どんな価値観を大切にしているか？」を意識してください。

このポイントを押さえておけば、時間のロスをすることなく、企画を通過させることができます。

☑ 上司の「さらに上」を意識していますか？

上司が何度も同じ質問をしてくる

損する伝え方

「その方法、メールで送ります」と伝える

得する伝え方

「マニュアル、つくっときますね」と伝える

できるリーダーは、上司をマネジメントする

他支店から異動してきたばかりの上司Bさんは、前に伝えたことを何度も聞いてきます。先日も「集計表を作成するときのエクセル関数、この操作でよかったっけ？」「DMを打つ際の案内文ってどこのフォルダに入っているんだっけ？」と前にも伝えたことを聞かれました。

実は上司Bさんは、リーダーAさんよりも年下です。上司とはいえ年下ということもあり、つい「前にも言いましたよね」と伝えてしまいました。

上司Bさんは異動してきたばかりなので、色々と聞いてくるのも無理はありません。一方で、日々新しく登場するビジネスツールに対応できず、困惑している上司もいます。

年上、年下に関わらず、上司に対して「前にも言いましたが」という前置きは配慮に欠けています。「上司に落ち度がある」といった物言いは、関係をぎくしゃくさせる原因になりかねません。

この場合、Aさんは質問に対して嫌味は言わずに、教えるようにしたほうがい

いでしょう。また教えたつもりであっても、相手は教わったことを覚えていないかもしれません。

ですから、「後程メールで方法をお送りしますね」「××というサイトに載っていますよ」と教えるようにしましょう。

しかし、二度聞かれたことは三度聞かれる恐れがあります。

そのたびに仕事を中断させられてはたまったものではありません。

そこで、上司を不快にさせず、仕事を教える2ステップをお伝えします。

❶自分の伝え方について謝る

「先週の金曜日にお伝えしたかと思ったのですが、もしかして伝わってなかったですか。私の勘違いかもしれません」

「すみません。私の伝え方がよくなかったかもしれません」

意地を張るよりも、相手が先輩や上司なら立てましょう。

そのうえで、どの点が不明瞭だったかを質問してみるのです。

❷マニュアルとして整備する旨を伝える

「マニュアルにしておきましょうか」と回答するのもいいでしょう。よく聞かれる質問のQ&Aや仕事のフローの整理、企画資料のたたき台の例などを、わかりやすいように業務マニュアルとして作成するのです。

残業規制などにより効率性を求められるなか、マニュアルを整備することで時間を短縮できます。

最初は時間をかけて作成するので、非常に面倒に思えるかもしれません。しかし、ChatGPTなどの生成AIで作成すれば手間はかかりませんし（企業によっては使用を禁じられていますが）、新たに人が入ったときに役立ちます。

一時的に手間がかかるので、一見損をしているように思えますが、結果的には得するでしょう。リーダーには、長期的な視野も必要です。

☑ どんな上司でも、立てていますか？

第5章

横のつながりをつくる「巻き込む力」

仕事を手伝ってくれた「他部署へのお礼」

損する伝え方

「ありがとう」と感謝を述べる

得する伝え方

「お客さん喜んでたよ！」と伝える

また、この人の仕事を手伝ってあげたい

リーダーAさんは営業推進部のEさんに、新商品の案内のために、かなり時間を要するデータを1週間で作成してもらいました。

1週間のうちの大半をこの仕事に費やしてもらったので、Eさんには相当の負担になっていたでしょう。残業も発生してしまっていました。

クオリティも高く「ありがとう。この資料なら問題ない」とAさんは伝えます。

しかし、Eさんは何だかムッとしています。それもそのはず、**Aさんは営業推進部に対し、自分の部下と同じように、資料の出来を評価しているからです。**

これでは、「今後は、この人の仕事を引き受けるのは止めよう」と思われても仕方がありません。Aさんは、Eさんに感謝の意だけを伝えるのがいいでしょう。

ただし、もっといい手があります。

それは、「Eさんの作ってくれたデータ資料、お客様が『非常に見やすい』と喜んでくれたよ」と、その後の反応を伝えるのです。

自分が少しでも携《たずさ》わった仕事は、その後どうなったかが気になるものです。

今回のEさんも、後工程で自分のアウトプットがどのように役に立ったのか気になったはずです。


働く人は誰でも、仕事に対する「手触り感」を求めています。**つまりは、自分の働きが何に貢献したのかがわかる「血の通ったフィードバック」です。**

営業やコンサルなど、クライアントと直接仕事をする職種であれば、フィードバックが得られますが、営業事務や人事など、直接クライアントと関わりのないバックオフィス業務の人などは得られません。

ですから、こうしたフィードバックは有難いものなのです。

「またこの人のために仕事をしよう」と思ってもらえるはずです。


なお、コンサルティングをしていたある企業で「営業事務の人に人気がある人は誰ですか?」という質問をしたところ、Bさんという方の名前が上がりました。

Bさんはどんな方かというと、必ずフィードバックがある方だったそうです。

仕事でなくとも、お土産を渡したあと、「美味しかったです」としか言わない人と、「ありがとうございました。あれから社内で争奪戦のジャンケンが始まりましたよ（笑）。美味しくて最高でした」と言う人、どちらに好感を持つかは言うまでもないでしょう。

「持って行った資料を、お客様はこの点がいいと言っていた」
「早い対応だったので、ライバル企業に差をつけることができた」
「あの資料がわかりやすくて、契約につながりました」

どんな内容でも構いません。

後工程の反応をフィードバックすることは、「自分の仕事が役に立っているのだな」と承認欲求の充足にもつながり効果的です。

☑「あなたの仕事が役に立っていること」を伝えていますか？

「他部門の壁」を乗り越える

損する伝え方

相手の「いるところ」で称賛する

得する伝え方

相手の「いないところ」で称賛する

他部門の言い分を認めるところから始めよう

システム販売の会社で営業マネジャーを務めるAさんは、営業同行について技術部のマネジャーEさんと意見が対立しました。

会議で、技術部から次のような苦情が出たのです。

「受注確度の低いクライアントにまで同行しなきゃいけませんか？」
「同行前に聞いた情報とクライアントから聞く情報に食い違いが多い」
「営業メンバーにもシステムの基本を学んでほしい」

今後、営業部は技術部に同行を依頼するルールを定めることになりました。

腹が立ったAさんは、デスクに戻ってこんなことをメンバーに話したようです。

「クライアントが急に技術部の同行を望むのは、仕方がない。臨機応変《りんきおうへん》に頼むよ。Eさんは頭が硬い」とデスクに戻ってメンバーたちに愚痴を言います。

リーダーが表立って他部門批判をするのは最悪です。

第三者を介して、ほぼ確実に相手に伝わります。しかも尾ひれまでついて。

もちろん、面と向かって批判をされれば、ムッとする気持ちもわかります。しかし、その感情をリーダーが表に出せば、部下にまで伝わってしまいます。始めは他部門のリーダー同士で勃発したはずの対立が、いつの間にかメンバーを巻き込んだ部門同士の対立へと発展する恐れもあるのです。

どちらも損するだけで、誰も得しないでしょう。

他部門には他部門の言い分があります。もちろん、それは自部門も同様です。つまり、お互い様なのです。

ですから、リーダーに必要なのは、まず相手の主張を認めることでしょう。

「Eさんの言いたいこともわかる。こちらとは立場が違うからな」

本心では納得していないニュアンスではありますが、それでも構いません。悪口を言うよりは何万倍もマシです。

さて、もしここでAさんが器《うつわ》の大きいリーダーなら、こう答えるでしょう。

「Eさんの言いたいこともわかる。Eさんの指摘は、冷静に振り返れば納得できることが多いよ。その場では、『えっ』ってなるけどね。鋭いし、勉強になる」

このように、あえてEさんがいないところでほめるのです。

おそらく、AさんとEさんは、根本的なところで馬が合わないのでしょう。合わない人同士、お互いに見えないところで、「自分のことを悪く言っているかもしれない」と疑心暗鬼に陥っているかもしれません。

しかし、間接的にEさんにAさんがほめていることが伝われば、EさんはAさんへの不安がなくなります。つまり、心理的安全性が担保されるのです。これは、相手の目の前で称賛するよりも効果的です。

ちょっと合わないと感じる人と良好な人間関係を築くために、「相手がいないところで、ほめる」ことを試してみてください。

完全にはわかり合えないまでも、わかり合えるよう距離を縮める努力をするのも、リーダーの仕事です。

☑ 陰で他部門の悪口を言っていませんか？

他部門との納期交渉～その1～

損する伝え方

「妥協できる条件」から交渉スタート

得する伝え方

「無理な条件」から交渉スタート

交渉は「DESC法」を使おう

営業部のリーダーAさんは、生産管理部のEさんに、納期スケジュールの前倒しを依頼しました。それに対し、Eさんは、「他にもAさんの部署から別の案件を依頼されているので、本件の対応は難しい」と断りました。

Aさんは、「お客さんが言っているんだから頼みますよ」と切り返します。

結局、Eさんはしぶしぶ説得に応じましたが、イライラした様子です。

このように、営業部にはクライアントを盾《たて》に要求をゴリ押しする姿が散見されます。似た事例で言えば、「部長が言っているから」もそうです。

権威を盾にした頼み方で、これも好ましくありません。

この言い方ではお願いを聞いてくれたとしても一回で終わるでしょう。

結局は、「別の案件も進めつつ、今回の案件も同時並行する」ことになります。

負担が増えるにもかかわらず譲歩がないため、Eさんは損するだけなのです。

交渉をする際は、「DESC法（デスク法）」がお勧めです。「アサーション」というアメリカで生まれた「自分も相手も大切にするコミュニケーション」の手法です。

具体的には次のような順番で伝え、交渉していきます。

D＝Describe　現在置かれている状況を客観的に「描写」する
E＝Explain　状況に対する気持ちを主観的に「説明」する
S＝Specify　相手が望む解決策を「提案」する
C＝Choose　同意に失敗したときのために、さらなる「選択」も考えておく

今回の事例に当てはめれば、次のようになります。

D＝Describ　取引はありませんが、大口の取引になる可能性のあるH社さんから、納期を短縮してほしいと依頼されました。
E＝Explain　H社が困っているときに恩を売って、今後の関係を構築していきたいと思います。新規で取引を開始するチャンスでもあると思い、どうしても対応したいのです。

S＝Specify　X社さんへの納期は、2週間後に伸ばしても大丈夫です。今回のH社さんだけ特別にお願いできますか？
C＝Choose　（生産管理部からイエスの返事をもらったら）では、お願いします。

もし、最後にそれでもEさんが断るようなら、「納期をさらに伸ばす」「他部門への調整は自分が引き受ける」といった条件の提示が考えられます。

交渉時は、相手のメリットも伝えなければ良好な関係は構築できません。

少しテクニカルですが、最初の提案は少し無理なお願いから始めます。**お互い妥協できそうな条件で交渉すると、断られた場合、交渉材料がなくなってしまうからです。**

一方的に要求するのではなく、お互いに納得できる着地点を模索しましょう。

☑ クライアントを盾に要求をゴリ押ししていませんか？

他部門との納期交渉～その2～

損する伝え方

「今回だけですよ」と引き受ける

得する伝え方

「次からルールを変えよう」と提案

一度引き受けたムチャな依頼はまた来る!?

今回は、逆の立場で無理なお願いをされる側のケースです。

デザイン部のリーダーAさんは、営業部のEさんより、普段は3営業日までに対応するルールの案件を「明朝までに作成してほしい」とお願いされました。

ここで、「ルールだからできないよ」と断るのは簡単です。

しかし、これは裏を返せば営業部に恩を売っておくチャンスと言えます。

今後もし、何かがあったときに対応してもらえるかもしれません。

さて、ここでも同じように、DESC法を使って代替提案をします。

D　今は16時で、他に2つ案件を抱えています。
E　明朝までに完成させるのは難しい。
S　明朝ではなく、明日の16時までなら完成させられそう。
C　明日の16時まででいかがでしょうか？（無理なら14時まで）

しかし、Eさんから「先方が11時からの会議で使うので」と言われたので、今回は特別対応で明朝までに仕上げることにしました。これで一件落着です。

しかし、リーダーならここで終わらせてはいけません。

なぜなら、「今回だけ特別に」は1回で終わらないことが多いからです。

また、1回OKすると、別の人が「この前、Aさんは対応してくれたのに」となる可能性が高くなります。

つまり、ルールが形骸化《けいがいか》されていくのです。何より、スピード対応を求められてばかりでは疲弊してしまいます。

過度なスピード対応と無理な価格交渉は、ハラスメントの温床と私は日々言っています。現場の崩壊につながりかねないのです。

ですから、リーダーは「今回だけは特別ですが、ルールを見直しませんか?」とルールの改善を提案する必要があるのです。

そもそも、ルールは絶対不変なものではありません。あくまで制定した当時ベストだったもので、制定した人の都合でつくられた可能性もあるからです。

現在の状況に応じてアレンジする必要があり、改訂するのがリーダーの仕事だと言えるでしょう。

今回のケースで言えば、「急ぎの案件に対応する際は、急いだ時間分だけ別の案件の締め切りを伸ばす」などといった条件が考えられます。

このように、譲歩しながらもルールの改訂を提案しましょう。

なお、このルールも今回定める場合は、絶対不変と考え正解を求める必要はありません。そもそも運用してみないと何が正解かはわかりません。

運用してみて他の方法がいいなと思えば、状況に応じて変えていけばいいのです。改訂へのハードルを下げましょう。

ルールは、メンバーを守る重要なものです。メンバーの防波堤であるリーダーは、そう認識しておきましょう。

☑ 相手の要求を丸のみしていませんか？

「落としどころ」の見つけ方

損する伝え方

譲歩できる条件を聞く

得する伝え方

譲れない条件を聞く

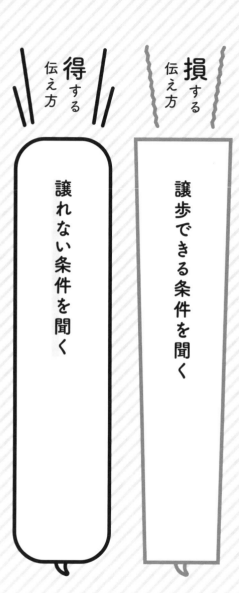

正論で論破しても、人は動かない

仕事をするうえで、「利害の不一致」は避けられません。

そうしたときに強引に意見を通そうとすると、無用な争いが起こります。

営業部のリーダーAさんのもとで、急に退職者が1名出てしまいました。

そこで、人事部のマネジャーに、転職エージェントを使って募集をかけてほしいと伝えました。

営業部では、ここ1年で育休社員1名、介護による時短社員が1名発生し、フルタイムで働ける社員が少しずつ減っていたのです。

人事部は、予算と労力には限りがあるため、「善処はするが、早急な解決は難しいかもしれない」と意見を返しました。

人事部の言うことは正論です。転職エージェントは高いので、先月は求人広告の小さな枠とSNS広告を使って募集をかけていました。

Aさんも、そうした状況は理解していました。それでもAさんは、これから繁忙期に入るのでどうしても営業の人員が3人は欲しいと考えています。

そうでなければ、部の掲げた目標未達は必至です。

そこで、Aさんは、次のように伝えました。

「営業活動に支障が出たら会社としても困りますよね。人の力は大切です。採用費を惜しんではいけないですよね」

このように、正論で押し通そうとします。これは、いい伝え方ではありません。仮に押し切れたとしても、人事部は積極的になれないでしょう。

「コンフリクトマネジメント」という言葉をご存じでしょうか。

コンフリクトマネジメントとは、部門間の衝突や対立、葛藤（コンフリクト）を、組織が成長する機会としてポジティブに捉え、積極的に問題解決に取り組む考え方のことです。

これは、その中でも「強制」に当たり、悪手とされています。

そもそも、予算が足りず「無い袖は振れない」ことに変わりはありません。

さて、Aさんは、「せめて、ひとりの即戦力はすぐに欲しい」と折衷案《せっちゅうあん》を出します。少し折れた感じです。さらに、「どこまでなら譲歩できる?」と続けます。

しかし大事なのは、提案前に「譲れない条件」を聞くことです。それ以外なら、打開できる可能性があるからです。

すると「予算が50万円を超えるのはダメ」などの返事があります。

そこで、求人媒体へ営業部側がキャッチコピーなど、募集の文面を考えるのはどうかと伝えます。今までは人事部がすべてやっていたので営業部は文面を考えていなかったのです。

「それならいい」と人事部の承認に至ったのです。

会社組織で、早期解決できる問題はそう多くはありません。

焦らず、長期的に得する交渉をしていきましょう。

☑ 相手を正論で押し通そうとしていませんか?

「気の合わない人」と帰り道が一緒

損する伝え方

「用事が……」といって退散する

得する伝え方

「駅まで」と区切って雑談する

人との距離感は、話した回数で決まる

営業部のリーダーAさんは、マーケティング部のリーダーCさんが少し苦手でした。

業務上の連絡だけ淡々としてくるので、取っつきにくい印象があったのです。

そんなCさんと、退社する際のエレベーターで一緒になりました。何だか気まずく、「すみません。一件電話してから行きますので」と別れました。

しかし、ここは距離を縮めるチャンス。リーダーには、部署間の調整力も求められます。人間関係を、食わず嫌いで距離をつくっていてはなりません。

もし何かあったときに、まったく話したことのない人にお願いすると、ほとんど断られてしまうでしょう。

一方で、人間関係をわずかでも構築しておけば、いざ何かをお願いするときに応じてくれる確率も高まるものです。

同じ社内の人間ですから、時間をかけてでも距離を縮めていきましょう。

この場合、少しでもいいから雑談をすべきです。その後、「今日はセミナーに

行くので」「飲み会がありまして」と別れて構いません。

人との距離は「話した総時間」より「話した回数（接触回数）」の影響が大きいと言われています。

ですから、一気に1時間話すより、10分を6回のほうがいいわけです。

こうすれば、苦手な人との会話のハードルも下がるのではないでしょうか。

私自身、会社員の頃に、そうした経験がありました。

約2年の間、席が近いながらも、まったく話したことのない別部署のリーダーがいました。どこか冷たい印象があり、彼に嫌悪感を抱いていたからです。

ところがある日、帰り道で、最寄りの駅まで一緒に歩くことになりました。

仕方なく、彼と10分、ぎこちないながら「初めてですね。こんな風に話すの」といった会話をしました。大した話はしませんでしたが、その後挨拶を交わすようになり、気づけば親友のような関係になったのです。

そこまで関係が深くなるのはマレかもしれませんが、話してみると案外親しみやすかったというのはよく聞く話です。相手も、そう感じていることでしょう。

といっても、接点のない相手との話題をどう見つければいいのか。

ここは、「最近忙しいんですか？」といった会話になりがちです。

もちろん相手は答えやすいのですが、なかなか距離は縮まらないでしょう。

せっかく会社で同じ駅を使っているのですから、そこを話題にしましょう。

その際、できるだけ自分の情報を開示して質問してみるのです。

「私は○○方面からの電車でここまで来るのですが、乗り換えの××駅が本当に混むんで苦労します。○○さんはどちらの方面から出社されるんですか？」

「いつも、あそこのエスカレーターは渋滞しますよね。私は待つのが苦手なので階段を使ってしまうんですが、○○さんは待ってますか？」

少し自分の気持ちを入れると、相手も答えやすいでしょう。

☑ 苦手な相手との会話を避けていませんか？

取引先に、部下と謝りに行く

損する伝え方

「部下」を主語にして謝罪

得する伝え方

「自分」を主語にして謝罪

取引先からも一目置かれる「リーダーの条件」

クライアントからのクレームは避けたいものですが、非常事態の対応はリーダーの腕の見せどころです。

私がコンサルタントをしている会社で実際にあった話です。

その会社には、営業部のリーダーAさんとBさんがいました。

Aさんは、普段から細かく部下の行動をチェックし、厳しく叱っていて威厳《いげん》を見せています。いかにもリーダーらしい風貌《ふうぼう》と振る舞いです。

一方のBさんは普段の仕事はちょっと抜けていて、部下にいつもツッコまれています。失礼ですが、あまりリーダーらしく見えません。

そんなある日、AさんとBさんの部下がそれぞれ、商品の納期が遅れてしまうというミスを同時に起こし、取引先からクレームが入りました。

そのときの対応で、一気にAさんは部下からの信頼を失いました。

一方で、Bさんは部下からの信頼を厚くしました。

さて、何が違ったのでしょうか？

Aさんは、「このたびは、部下の〇〇がご迷惑をおかけし、申し訳ございませんでした」と切り出しました。この言い方は不合格です。

なぜなら、「部下」を主語にしており、リーダーとしては他責に見えるからです。クライアントは、「このリーダーは、他人事《ひとごと》として臨んでいるな。この人は何のために来たんだろう。形式上かな」と感じてしまうかもしれません。

一方で、Bさんは次のように伝えました。

「このたびは、本当に申し訳ございませんでした。リーダーである私の責任です」

ミスの原因は、Bさんにはありませんが、「私」を主語にして伝えています。こうすることで、クライアントも「この件を、リーダーは自分事としてコミットしている」と感じますし、部下も「いざというときに頼れるリーダーだ」と信頼を深めるでしょう。

これで合格点ですが、この話には続きがあります。

Bさんは会社訪問後、クライアントに今後ミスが起きないための具体的な改善策を説明するとともに、クレーム対応はリーダーであるBさん自身が引き継ぐと伝えました。

多くの職場では、クレーム後の対応は、部下がメールでリーダーをCCに入れてお客様に報告しています。しかし、この対応は、「あのリーダーは、あの場だけ調子がよかったな」と思われる可能性もあります。

ですから、リーダーが発信者となって担当部下をCCに入れます。

クレーム対応の主役がリーダーになり、CCに入れることで部下にはやり取りをすべて把握しておいてもらう。ただし、通常の発注や相談は部下に依頼する旨を伝える。ほとぼりが冷めたところで、部下に対応してもらうのです。

誤解がないようにお伝えしますと、クレームはすべてリーダーが担当するわけではありません。クレーム対応は、部下の成長機会です。

基本は部下が担当し、どうしようもなくこじれたときだけ、リーダーが対応しましょう。ただし、対応する際は最後までコミットするということです。

☑ 部下のミスを自分事として認識していますか？

外部スタッフのやる気を高める

損する伝え方

「外発的動機づけ」を刺激する

得する伝え方

「内発的動機づけ」を刺激する

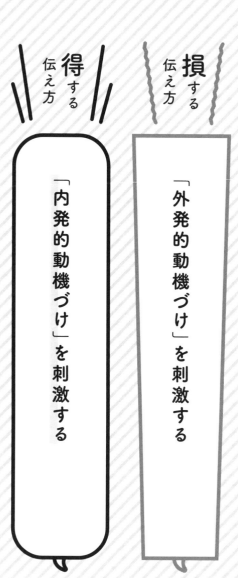

雇用関係がないからこそ、伝え方が難しい

リーダーＡさんは、営業代行会社のＣさんに対して、２ヵ月連続で目標が未達なことに対して「やってもらわないと困りますよ」と苦言を呈しました。

このように外注先が目標未達な場合、どう伝えて改善していくかは非常に難しいものです。どうしても仕事をお願いしている発注側が上の立場になってしまいがちです。この言い方は、受注側には気分のいいものではありません。

また、発注側がいかにお願いしても、外注先が達成するとは限りません。状況によっては外注先から取引を終了したいと言ってくるかもしれません。

このように、直接雇用関係ではないスタッフへの伝え方は難しいところです。

昨今ではフリーランスの方に委託するケースも増えています。

リーダーなら、雇用上の上下関係がなくても、相手に動いてもらうように導きたいところです。

言ってはいけないのは、「弊社の業務を後回しにしていませんか」「もっと力を入れてもらえませんか」「契約解除しますよ」といった伝え方です。

仮に相手が委託契約を継続したいなら、「力を入れてはいるんですが」「がんばります」といった具体的に先に進めない言い訳が返ってくるだけです。

外注先とはパートナーの関係を構築していく必要があるので、不用意にモチベーションを下げないようにしたいものです。

ここでよくやるのが、報酬を上げるなどの外発的動機づけを高めることです。

しかし、この方法は次の2つの理由で好ましくありません。

❶外発的動機づけは長続きしない

今まで多くの方に面談してきましたが、仮に30万円の給与が少ないと嘆いていた場合、32万円に上がって数ヵ月は感謝しても、32万円に慣れてしまえば、また不満を持つようになる。上を求め続けるだけでキリがありません。

❷費用対効果が望めるとは限らない

報酬を上げたから相手の動きがよくなるとは限りません。むしろ「金じゃないんだ」と相手の気分を害する可能性があります。

そこで、リーダーは内発的動機づけに力を入れたいところです。

内発的動機づけには、主に「自律性」「有能感」「関係性」の3つがあると言われています。

この場合、Aさんは次のように伝えます。

「営業のプロフェショナルのCさんに、助けていただきたい」

「現場に詳しいCさんに力を貸していただけないでしょうか」

「Cさんがより動きやすくなるにはどうしたらいいですか」

外注先というと「こちらの思い通りに動かそう」といったスタイルになりがちですが、相談する相手と考えるのです。

そのためには相手をリスペクトして、できるだけ主体的に動いてもらえるように導くのです。年上の部下への接し方と似た感じに接するといいでしょう。

☑ 外部スタッフのやる気を引き出していますか？

外注先の様子がなんだかおかしい

損する伝え方

「大丈夫ですか？」と心配する

得する伝え方

「何かご事情が？」とヒアリングする

協力するスタンスは崩さずに探りを入れる

社内広報誌の製作をお願いしているC社から届いた冊子が、イメージしていたものと違う出来でした。他にも工程の途中で誤字があったのに修正がされていない、ということもありました。

長く取引している会社でこれまでは何の問題もなく、安心していたものの、このところ様子がおかしいのが気になっていました。

直接C社と交渉の窓口になっているのは部下のBさんです。

C社は不手際に対して、謝罪したいとBさんに申し込んできました。

Bさんは、リーダーのAさんに同席してくれと頼みます。

この席上で、C社の担当者はひたすら謝罪をするのに対し、部下のBさんの前でリーダーのAさんはどのように言葉をかければいいでしょうか。

しかも、主役は部下のBさんですが、相手はAさんに謝っている感じです。

ここでは、今後の改善策を出してもらうようにしたいものです。

「次からどのように改善するか対策を立ててください」と事後の対策をお願いし

ます。

しかし、リーダーの立場からすると、これでは合格点とは言えません。

これは、本来現場の担当者の仕事です。

また、このような問題が起こった場合、BさんはC社に対して直接の担当で迷惑を被ったわけですから怒っています。冷静に対応できないでしょう。


そこで、リーダーは部下を補完する役目を担う必要があります。

客観的な視点で、相手の状況を探る質問をするのです。

リーダーは仕事をしていくうえで、将来リスクとなる事象に目を向けていく必要があります。

具体的には、「この会社と取引を続けてもいいのだろうか」と探る必要があります。そして、状況次第では別の取引先を探さなくてはなりません。

ですからC社の現状を把握するための質問をしていきます。

もしかすると社員が辞めていて、質が落ちている、あるいは経営状況が悪く、賞与が出なくてメンバーのモチベーションが落ちている、過度なコスト削減を行っているなど、現在の状況を把握します。

急に取引先の状況が悪化してからでは遅いのです。

もちろんあからさまに「御社、大丈夫ですか？」などと聞いてはなりません。

「何か事情がおありですか？」

「色の具合が変わった感じがするのですが、何か変わりました？」

「もしかして、デザイナーさんが変わりました？」


このようにあくまで相手を責めずに、「何か協力しますよ」というスタンスで情報をヒアリングしていくのです。

もしかすると今までより納期を遅くしてほしい、一部の商品のコストを見直してほしいといった、自社にとっては不利になる話も出てくるかもしれません。

しかし、品質を落としたくないなら、あえて一部を協力するのも手です。

☑ **相手に非があっても、責めないでいますか？**

おわりに

最後までお読みいただき、ありがとうございました。

伝え方を変えるだけで相手がこんなに変わるんだ、と思っていただけたのではないでしょうか。実際に研修やコンサルティングを受けていただいたリーダーの方々で、相手の心理的安全性を担保することで、部下とチームを大きく成長させ、リーダーの仕事が楽しいと言ってくださっている方がたくさん出ています。

以前は「プレイヤーに戻りたい」「リーダーなんて損ばかりだ」と言っていた方がまるで逆のことを言うようになったのです。

次は本書をお読みいただいたあなたの番です。

ただし、リーダーのスキルは一朝一夕《いっちょういっせき》では身につくものではありません。

もちろん本書で得たノウハウを実地に一つひとつ生かしていけば、必ずリーダーとしてのスキル・器は大きく成長していきます。

しかし、成長は目には見えないものです。

種を蒔き、水をやり続けてもすぐには芽が出てこないことがあります。あるいは芽は小さいままです。しかし、地中の見えない根は大きく成長しています。そしてある日突然、目に見える形で成長しているなと感じることができます。

ですから、まずは3日、3週間、3ヵ月と本書に書いてある内容を続けていってください。

ただし、最初にいきなり複数のことに取り組もうとすると挫折してしまいがちです。そこでまずはひとつだけ実践しやすいところから始めてください。私はよく「1日1ミリの成長を目指しましょう」という言葉を使います。

1ミリという小さな単位から始めれば継続しやすいからです。ただ、もしかするとうまくいかないこともあるかもしれません。

そのためには、失敗しても再度工夫・チャレンジすることを諦めないことです。

そして本書をボロボロになるまでご活用ください。

その結果として、みなさんが部下との関係が良好になり、部下やチームが成長していけば著者にとってこれ以上の喜びはありません。

リーダーのみなさんが輝くことで部下やその周囲の人が明るく元気になります。結果、世の中が明るくなり、好循環のスパイラルが起きて、日本中が平和で明るくなることは間違いないでしょう。

私のミッションである「ハラスメントの撲滅《ぼくめつ》」「リーダーを輝かせる」「リーダーって楽しいと思う人が増える」「楽しく強いチームづくり」「言いたいことを言い合いながら楽しい職場づくり」にもつながるかなと思っています。

現在は先行き不透明で、不安を感じている方も多いかもしれません。しかし、みなさんの仕事や日常生活の一部にでも光の輝きが生まれて、それがどんどん広がれば、明るい世の中になるのではないかと思います。

伝え方を磨いて、接する相手を喜ばせて、世の中を、みなさんの人生を明るくするためのひとつのスキルとして、磨き続けていってください。

みなさんに偉そうなことを申しているかもしれませんが、実のところ私もまだまだ発展途上です。もっとリーダーのみなさんのお役に立てるようなスキル・思考を探し身につけていく必要があると感じています。一緒に磨いていきましょう。

そして、部下が行動を改善してくれた、こんな言葉を使ったらチームの雰囲気がよくなった、リーダーの仕事にやりがいができた、他部署との協力でこんなことができた、伝えた相手がこんな喜んでくれた、さらには昇格したなどの成功体験があれば、SNSやホームページ（https://yukihiro-yoshida.com）へお送りください。

みなさんの喜びの声をお待ちしております。

また、本書をお読みいただけましたら、「#吉田幸弘」「#伝え方でいつも得するリーダーなぜか損するリーダー」などのハッシュタグをつけて、フェイスブックやTwitter、Instagramなどで投稿いただければ幸いです。

なお、本書の執筆に当たってはたくさんの方々にお世話になりました。協力をいただきました方々へのお礼をお伝えしたいと思います。

特に企画の立案から構成に至るまで的確なアドバイスをいただいた、ＰＨＰ研究所の野牧峻様には大変お世話になりました。心より御礼申し上げます。

他にも講演や研修を依頼してくださる方々、セミナーを受講していただいている方々、日々の活動を応援いただいている方々にも心より御礼申し上げます。

それでは、みなさんとどこかでお会いしてコミュニケーションができるときを楽しみに、筆を置きたいと思います。

２０２３年６月吉日

吉田幸弘

〈著者略歴〉

吉田幸弘（Yukihiro Yoshida）

リフレッシュコミュニケーションズ代表
コミュニケーションデザイナー・人材育成コンサルタント・リーダー向けコーチ
成城大学卒業後、大手旅行会社を経て学校法人へ転職。1年で70件以上の新規開拓をし、広報リーダーになるも、怒ってばかりの不器用なコミュニケーションでチームをガタガタにしてしまう。その結果、職場を去らなければならない羽目になり、外資系専門商社に転職。転職後も、周囲のメンバーとうまくコミュニケーションが取れず、降格人事を経験し、クビ寸前の状態になる。その後、異動先で出会った上司より「伝え方」の大切さを教わり、営業成績を劇的に改善。5ヵ月連続営業成績トップになり、マネジャーに再昇格。コーチングの手法を用いた「部下を承認するマネジメント」及び中国古典をベースにした「ストレス耐性力アップ術」により、離職率をそれまでの10分の1にし、売上も前年比20%増を続け、3年連続MVPに選ばれる。そして、社外でもコンサルタントとして活動し、クライアント数が増えてきたため、2011年1月に独立。現在は経営者・管理職向けに、人材育成、チームビルディング、売上改善の方法を中心としたコンサルティング活動を行い、累計3万人のリーダーを育てている。わかりやすく、すぐに使える実践知が学べるセミナーで、多くのクライアントから信頼されている。著書に『リーダーの一流、二流、三流』（明日香出版社）などがある。

伝え方でいつも得するリーダーなぜか損するリーダー

2023年8月2日　第1版第1刷発行

著者　吉田幸弘
発行者　永田貴之
発行所　株式会社PHP研究所
東京本部　〒135-8137　江東区豊洲5-6-52
ビジネス・教養出版部　☎03-3520-9619（編集）
普及部　☎03-3520-9630（販売）
京都本部　〒601-8411　京都市南区西九条北ノ内町11
PHP INTERFACE　https://www.php.co.jp/

組版　有限会社エヴリ・シンク
印刷所　大日本印刷株式会社
製本所　東京美術紙工協業組合

ISBN978-4-569-85511-0

PHPの本

できるリーダーは、「これ」しかやらない

メンバーが自ら動き出す「任せ方」のコツ

伊庭正康 著

リーダーが「頑張り方」を少し変えるだけで、部下は勝手に頑張り出す！　部下への〝任せ方〟を知らないばかりに疲れているリーダー必読！

定価　本体一、五〇〇円（税別）

PHPの本

忙しすぎるリーダーの9割が知らない

チームを動かす　すごい仕組み

山本真司　著

「仕組み」があれば、人は勝手に動き出す。元トップコンサルの大学教授が開発した、忙しすぎるマネジャー必読の「40のツール」。

定価　本体一、五〇〇円（税別）

PHPの本

「図解&ノート」できるリーダーは、「これ」しかやらない

9割のマネジャーが知らない「正しい任せ方」

伊庭正康 著

15万部ベストセラーの「図解・ノート版」がついに登場。チェックリストと書き込みにより、誰でも「任せられるリーダー」になれる！

定価 本体一、二五〇円（税別）

PHPの本

できるリーダーは、「これ」しかやらない［聞き方・話し方編］

メンバーが自ら動き出す「30の質問」

伊庭正康 著

16万部ベストセラーの「コミュニケーションノウハウ」を1冊に凝縮！　指示・命令から雑談、1ON1まで豊富な会話例を元に解説。

定価　本体一、五〇〇円（税別）

PHPの本

「対話と決断」で成果を生む

話し合いの作法

中原 淳 著

「形だけの対話」から脱却し、チームで成果を生む「話し合いの作法」とは？ 言いたいことが言い合える職場・組織をつくる全技法！

定価 本体一、〇五〇円（税別）